[MIRROR]

理想国译丛

024

imaginist

为了人与书的相遇

理想国译丛序

"如果没有翻译,"批评家乔治·斯坦纳(George Steiner)曾写道,"我们无异于住在彼此沉默、言语不通的省份。"而作家安东尼·伯吉斯(Anthony Burgess)回应说,"翻译不仅仅是言词之事,它让整个文化变得可以理解。"

这两句话或许比任何复杂的阐述都更清晰地定义了理想国译丛的初衷。

自从严复与林琴南缔造中国近代翻译传统以来,译介就被两种趋势支配。

它是开放的,中国必须向外部学习;它又有某种封闭性,被一种强烈的功利主义所影响。严复期望赫伯特·斯宾塞、孟德斯鸠的思想能帮助中国获得富强之道,林琴南则希望茶花女的故事能改变国人的情感世界。他人的思想与故事,必须以我们期待的视角来呈现。

在很大程度上,这套译丛仍延续着这个传统。此刻的中国与一个世纪前不同,但她仍面临诸多崭新的挑战。我们迫切需要他人的经验来帮助我们应对难题,保持思想的开放性是面对复杂与高速变化的时代的唯一方案。但更重要的是,我们希望保持一种非功利的兴趣:对世界的丰富性、复杂性本身充满兴趣,真诚地渴望理解他人的经验。

［荷］伊恩·布鲁玛 著　　倪韬 译

创造日本：
1853—1964

Ian Buruma

Inventing Japan:

1853—1964

四川人民出版社

四川省版权局著作权合同登记号：图［进］21-2017-684

图书在版编目(CIP)数据

创造日本：1853-1964 / (荷) 伊恩·布鲁玛著；倪韬译.
—成都：四川人民出版社, 2018.2（2018.10 重印）

ISBN 978-7-220-10661-3

Ⅰ. ①创… Ⅱ. ①伊… ②倪… Ⅲ. ①日本－历史－研究－1853-1964
Ⅳ. ①K313.4

中国版本图书馆CIP数据核字(2017)第315320号

出版发行：四川人民出版社

地　　址：成都槐树街2号

网　　址：http://www.scpph.com

责任编辑：张　丹

特邀编辑：王燕秋　梅心怡

装帧设计：陆智昌

内文制作：陈基胜

全国新华书店经销

山东临沂新华印刷物流集团有限责任公司　印刷

开本：965mm×635mm　1/16

印张：12.5　字数：129千字

2018年2月第1版　2018年10月第3次印刷

定价：56.00元

如发现印装质量问题，影响阅读，请与印刷厂联系调换

作为方法的日本

许知远

一

"在黄子成书十年，久谦让不流通，令中国人寡知日本，不鉴不备，不患不悚，以至今日也"，在为黄遵宪的《日本国志》撰写的后序中，梁启超这样感慨。

这是 1897 年末，距离中日甲午战争结束不过两年。在这场战争中，中国意外地大败于日本，签署了屈辱的《马关条约》——割让了台湾，并付出了两亿两白银的赔款。这场战争最终将中国从昏睡中叫醒，她不仅不再是世界的中心，还可能有亡国之危险。此前，不管 1840 年的中英之战争，还是英法联军在 1860 年烧了圆明园，或是 1883—1885 年的中法之战，都未给中国带来震撼。对于很多士大夫来说，它们都是来自远方蛮夷的挑战。但这次不同，日本常年被视作中国的附属国，即使它不从属于朝鲜、越南、缅甸这个序列，也相差不远，它被轻蔑地视作"倭国"。日本的胜利还撕去了神秘中国的最后面纱——在她傲慢与辽阔背后，是无能与虚弱。

戏剧性的是，在短暂的敌意之后，日本成为羡慕与模仿的对象。1887 年写就的《日本国志》长期无人问津，此刻突然受到欢迎，几个书局重印了它，甚至光绪皇帝也成了它的读者。人们相信这本书蕴含了日本富强之秘密。另一位维新者康有为干脆劝光绪追随明治天皇，像后者再造日本一样再造中国。当日本卸任首相伊藤博文访华时，维新者向他寻求变革中国之建议，一些人甚至期待他担任客卿，直接指导一切。

百日维新失败了，日本模式吸引力却并未减弱。1898—1911 年间，至少有两万五千名中国学生前往日本留学，被形容成"历史上第一次以现代化为定向的，真正大规模的知识分子的移民潮"。未来中国的领袖们——从军事家蔡锷、蒋介石到文学人物鲁迅、陈独秀——都是其中一员。流亡中的梁启超，将横滨变做他的知识生产中心，他在这里编辑的报刊被偷运回国内，塑造了一代中国知识人的思维。在国内，清政府参照日本改革了警察与监狱系统，维新派官员甚至准备推行日本式的君主立宪制。

在这高昂的热忱背后，中国人又对日本有多少了解？令梁启超备感叹服的《日本国志》真的能给予中国变法以参照吗？驻北京的日本公使矢野文雄不无讥笑地说，倘若根据《日本国志》来理解日本，就像是以明史记载来理解今日中国的时局。敏锐的观察者如黄遵宪，也很难洞悉日本的变化速度有多快。而以国师自居的康有为在《日本变政考》中，向光绪描述的明治维新是出于自己的臆想，还得出这样的荒唐逻辑——倘若日本用三十年可以变法成功，以中国这样大得多的规模，三年就可以了。

对于一个世纪前的中国维新者来说，日本令人着迷，既因它突然获得富强的能力，也因为它可能导向某种速成之路。在20世纪初的东京，到处是为中国学生所设的速成学校，从语言、法律到军事、政治，这些青年人想用几个月，最多几年来掌握一切。他们以同文同种的眼光来看待日本，倘若日本能迅速掌握西方的秘诀，他们也同样能迅速掌握日本的秘诀。

当邓小平在1978年访问日本时，很少有人记得黄遵宪与康有为的插曲了。在中国的革命史叙事中，他们是可以被忽略的改良人物。但革命家邓小平发出了相似的感慨，他在参观新干线时感慨："快，真快！就像后边有鞭子赶着似的！这就是现在我们需要的速度。"他还说，"这次访日，我明白什么叫现代化了。"这也是令人心酸的感慨，邓小平与20世纪初的维新者一样，他们在东京看到了一个新世界。

日本再一次成为速成教材。就像明治日本被视作富强之表率一样，战后日本则被看作一个纯粹的经济故事。这个日本故事没有持续多久，就因股市与地产的崩溃而结束。中国经济的崛起似乎彻底终结了日本作为榜样的时代。21世纪到来了，东京的商场、旅店与公园里挤满了来自中国的游客，《读卖新闻》、NHK上充斥着关于中国经济实力的报道。中国媒体不断重复着日本"失落的二十年"论调。日本变成了某种反面教材，评论家们提醒中国不要重复它的经济泡沫与萎靡不振。

但中国游客很快就发现，尽管中国经济规模庞大，他们还是想在银座买下一个马桶盖，去逛京都的寺庙，感慨日本乡村之整洁、人民之礼貌，追着村上春树的小说与日剧《深夜食堂》。一些时候，21 世纪富有的中国游客的感受竟与一个世纪前的留学生不无相似，"日本政治之善，学校之备，风俗之美，人心之一"给他们留下深刻印象。

与此同时，我们对日本的理解欠缺且滞后。中国知识分子们谈论此刻日本时仍常引用《菊与刀》与《日本论》，前者是20 世纪 40 年代美国人类学家的著作，后者则来自民国时的戴季陶。日本社会内在的复杂性很少进入我们的视野。它要么是被高度意识形态化的敌人，要么是一个值得模仿的邻国。至于日本到底是什么？我们仍缺乏兴趣。

二

在翻阅伊恩·布鲁玛的《创造日本》时，让我深感兴趣的是近代日本的矛盾性。它对西方的妒羡交织之情，它内部威权传统与自由文化的交战，这两股不同的力量，驱动了日本迅速崛起，也将它引向灾难。

这是一本紧凑却雄心勃勃的著作。在不到 200 页的容量里，作者对近代日本进行俯瞰式的描述。他以 1853 年的黑船来袭作为现代日本的开端，传统的日本秩序开始瓦解，西方既是屈辱又是力量的来源。1964 年东京奥运会则是全书结尾，作为主办国的日本特意设立了一项无差别组的柔道比赛，但当自己的传奇选手神永昭夫意外地输给荷兰选手后，他们接受了失败，将掌声给予了胜利者。

"过分自信、狂热心理、深深的自卑感以及时而执念于民族地位的想法——所有这些因素对日本现代史都产生过影响，但相较于其他品质，有一种最令人受用：那就是虽败犹荣时的那份优雅"，布鲁玛写道，他相信这标志着现代日本转型之完成，它对世人展现了一种更成熟的姿态。

倘若近代中国知识分子着迷于日本所代表的富强秘密，伊恩·布鲁玛则钟情于日本历史的连续性与复杂性，以及在这样一个国家建立现代政治制度、自由文化之艰难。

很少有人比他更有资格来描述近代日本故事。他在亚洲、欧洲与美洲都有着广泛游历，敏感于东西方文明间的冲突与融合。出生于荷兰这一背景或许还增加了这种理解力。在很长一段时间里，荷兰是日本窥望外部世界的主要通道，兰学也是想获得新知的日本学者的唯一选择。他也属于在20世纪80年代成熟起来的文化批评家，确信个人自由与普世主义，常以怀疑的姿态看待各种"文化特殊论"。

在这本小书中，中国知识分子可以读到他们熟悉的命题。同样面对西方之冲击，为何日本成功，中国却失败了？在作者看来，日本文化之边缘性起到了重要作用，它不是中国式自我中心的庞然大物，日本思想家可以轻易把目光从中国转向西方，展开一场新的学习。日本也从不是集权的社会，并存的天皇与幕府给予维新者更大的回旋空间。

但更重要的段落却留给了中国知识分子无暇顾及或刻意忽

略的东西——富强背后蕴含的黑暗。明治维新在军事、工业上取得巨大成功的同时，日本从未进行完整的现代政治改革。日本尽管制定了宪法，"但立国基础不仰赖政治权利，取决于对天皇制度的宗教崇拜以及通过国家神道灌输的日本起源论"。

这个政治制度也要为日后之失败负责。天皇是名义上的负责人，却不参加具体之决策，也不需为此承担责任。正是这种缺乏明确的问责制将日本拖入了二战，就像一位高级官员的回忆："海军打心底里认为与美国开战必败无疑，只是不愿公开表态。陆军未必真想打仗，又极力反对从中国撤军。外相坚定地认为，不答应从中国撤军，与中国的交涉断无希望成功。"没人真心支持战争，同样没人愿意公开表态反对，一套自上而下都不负责的气氛最终将日本拖入灾难。

一种对应的自由文化从未建立起来，对西方之焦灼感与威权文化的影响，都让它步履维艰。从一开始，"文明开化"运动也蕴含着两面性，它追求现代的自由、平等理念，又着迷于对外扩张，整个国家被强烈的社会达尔文主义支配着。作为明治时代最重要的思想家，福泽谕吉以倡导西方文明著称，竭力推动日本获得平等地位，当听到战胜中国的消息时，他兴奋地跳起来。即使在更为开放的大正年代，日本社会也始终伴随着个人主义带来的紧张感，投入天皇的"圣战"反而让人感到放松。

伊恩·布鲁玛明显地善于处理一个更开放、自由的日本，其中一些细节尤其妙趣横生。"日本人竭力模仿欧洲人的一颦一笑，男宾们抽着哈瓦那雪茄，玩惠斯特牌；其他人则小口小口品着宴会桌上堆积如山的松露、果酱和冰淇淋雪葩"，他这样描述明治人物对西方之仿效。他对于大正时代的银座则写道："小伙子留着长发，戴着'劳埃德'式眼镜，穿着喇叭裤和花衬衫，扎着松松垮垮的领带。他们和梳着蘑菇头的姑娘徜徉在栽有垂柳的大街上。血气方刚的青年聚在'牛奶铺'里讨论德国哲学或俄国小说，因此得名'马克思少男少女'。"

　　在近代日本，这表面对西方的羡慕与追随，总是让位于嫉恨与对抗。直到美国人的到来，似乎才打破了这种循环。日本终于呈现出东京奥运会的成熟一幕。但日本真的变成了一个正常国家吗？在战后的经济复苏中，昔日的财阀与政治家族很快又占据了主宰。在 21 世纪开始的东京，不止一个日本人向布鲁玛抱怨，他希望再有黑船来袭，他们觉得只有借助外力，才能打破日本之封闭。在这令人悲哀的抱怨背后，也让人不禁想象，倘若麦克·阿瑟将军当年大胆地废除了天皇制，日本将会以何种面目出现？

　　回到一个多世纪以来的中国历史。倘若中国知识分子能在寻求富强之道时，也能意识到日本模式所蕴含的黑暗力量，近代中国之路或许也会变得不同。这一点对于正在获得富强的中国，尤其富有启发。

目　录

导　读　作为方法的日本 / 许知远.......................i

序　言　东京奥运会.......................001

第一章　黑船来袭.......................007

第二章　文明开化.......................029

第三章　色情的、猎奇的、无意义的.......................057

第四章　"啊，我们的满洲".......................077

第五章　与西方开战.......................097

第六章　东京布基伍基.......................115

第七章　1955 年之散记.......................139

跋　　战后时期的终结.......................153

专有名词词汇表.......................163

引用文献.......................167

索　引.......................177

序言

东京奥运会

1964 年，日本回归世界舞台，战后那段饥馑、耻辱和持3
续至 1952 年的被盟军占领的岁月终于画上了句号。随之而来
的是被称为经济奇迹的繁荣年代。就正式的政治层面而言，日
本早在 1951 年就已作为主权国家重返世界舞台，因为是年 9
月，时任内阁总理大臣（首相）的吉田茂同日本过去的敌国美、
英、法等国（不包括中国和苏联）签署了《旧金山和约》(Treaty
of San Francisco，又称《对日和平条约》)，但 1964 年奥运会
落户东京让这一年的秋天成了日本隆重庆祝其和平改造和战后
民主复兴的绝佳契机。日本再也不是那个灰头土脸的战败国了，
而已然重获世人的尊重。历经数年的大兴土木，修建起高速路、
体育场、酒店、下水道、轻轨和地铁后，东京准备以一场主题
为爱、和平与体育竞技的盛会来迎接全世界的瞩目。

10 月 10 日下午，人们坐在丹下健三[*]设计的崭新体育场内，看着九十四个参赛国的运动员入场，一一经过观众席。美国代表团头戴牛仔帽，日本健儿则一袭红色运动装。坐在皇家包厢里的裕仁天皇向全世界友好地挥手致意，八千只洁白的和平鸽振翅翱翔。对于任何经历这一幕的人而言，当他再回想起 1933 年日本愤而退出国联，并于 1940 年加入轴心国妄图与希特勒和墨索里尼一起瓜分世界的那段往事，想必会有种恍如隔世之感。"满洲国"、南京大屠杀、偷袭珍珠港、巴丹死亡行军、冲绳战役和马尼拉屠城——所有这一切此刻似乎已成过眼云烟，报纸上每天都会刊载成千上万日本人投书的小诗，抒发他们内心的喜悦。一位淳朴的日本人感慨道：

　　　　　一面又一面，总共九十四面国旗，
　　　　　当中一些指不定还曾相会于沙场。

　　这首诗之所以引人注目，不是因为其文采有多斐然，而在于作者用了"指不定"这一古怪的字眼。但正如爱德华·塞登斯蒂克（Edward Seidensticker）所言——我在本书中也会援引他的著作——这或许可以理解为"日本人习惯把话说得含蓄一些的特点"。

　　到了 1964 年，广岛原子弹爆炸业已成为日本战时受难以及后世和平主义思潮的主要象征。奥运会开幕式上点燃奥运火

---

[*]　丹下健三（1913—2005），日本著名建筑师，曾获得普利兹克建筑奖，东京奥运会主会场就是他的杰作。——本书注释除特殊注明外均为译注

炬的正是出生于原子弹爆炸当天的一名广岛青年，这样一来可以表达出日本的和平意愿，二来或许还可以反映出日本的苦难历程，当中夹杂着一丝自怜。圣火点亮时，日本自卫队的战机飞越东京上空，怀着由衷的和平畅想，在空中画出奥运五环的形状。

凭借友好的姿态和高效的组织，日本人令全世界刮目相看。他们无论做什么事都力求万无一失。日本人同时也是奖牌大户，摘得十六枚金牌，仅次于美国和苏联。日本人很看重体育比赛的成绩，有时或许执着得过了头。两位日本运动员——分别是马拉松选手圆谷幸吉和女栏健将依田郁子——因为辜负了国民的期待，后来相继自杀。可怜的圆谷在跑进体育场时还排在第二位，但就在即将冲线前被一名英国选手超过了。这一幕令在场的东道主观众目瞪口呆。蒙受奇耻大辱的圆谷最后虽摘得铜牌，但并未起到多少安慰作用。

日本人素来很在意自己民族在世界上的地位，对他们而言，竞技场上的胜利可以抚慰战败的记忆。20 世纪 50 年代期间，一位名叫力道山的彪形大汉在摔跤场上连连取胜，多少安抚了日本人受伤的自尊心。力道山的比赛似乎总有规律可循。面对身材高大、往往大打出手且通常来自西方的对手，刚上来几个回合，力道山总处于下风，但逐渐地，在心中富士山的激励下，这位日本好汉会爆发出一腔义愤，虽体格较小，但最终会以弱制强，战胜大一号的金发家伙。

不过，提到力道山，有几件事不能不说。首先，他的原籍其实是朝鲜，官方对此刻意保密，但并非所有人都被蒙在鼓里。

其次，职业摔跤尽管别开生面，但缺少了诸如相扑、剑道和柔道等传统博击术的那份神韵。再次，举办奥运会这一年力道山已不在人世，在此一年前，他在东京一家夜总会被一名暴力团成员刺杀身亡。是时候让日本人用更传统的姿态施展他们的气力了。于是，日本奥组委动用手中的特权，新增了柔道这一奥运比赛项目。

撇开日本人有望在本土项目中争金夺银这一点，选择柔道还有一大好处：能体现以柔克刚。柔道讲究的不是体型大小或肌肉力量，它的内涵要丰富得多，甚至有几分精神力量的意味。要想打败对手，得靠耐心、迅速的反应和绝不轻举妄动，因此，小个子用巧劲可以战胜比他壮得多的对手。不同于摔跤或拳击，柔道所需要的精神力量可是习惯了粗蛮打斗的西方人万万不可能具备的。换言之，柔道能体现出日本文化和日本气概的优越性。

为了强调这一点，日本人除传统的重量级、中量级和轻量级分组外，还设置了一个无差别组。无论体格大小，任何挑战者均可参赛。日本方面，这块金牌的有力争夺者是神永昭夫，他是个技艺超群的冠军选手，有着日本人当中少见的魁梧身材，不过跟身高 6.6 英尺、体重 267 磅* 的巨人荷兰冠军安东·吉辛克（Anton Geesink）一比，就相形见绌了。即便如此，神永也赢定了。这一战的价值，足以抵得上力道山在职业摔跤场上战胜金发"低等人"一百次的战绩。

---

* 转换为公制后，身高为 198 厘米，体重 121 公斤。

　　比赛定于 10 月 23 日，奥运会落幕当天。多达一万七千名观众涌入东京市中心的日本武道馆，想要一睹神永为日本奥运会献上的压轴大礼。在日本的各个城镇和乡村，人们聚拢在商店橱窗周围，通过电视观看比赛。谁都不想错过这场好戏。数以百万计的人走上街头，支持神永。他宽阔的肩膀现在要扛起整个日本的荣耀。当天连国会都休会了。有着拳拳爱国心的社长们确保在自家公司每层楼都摆上一台电视机。人们给报社寄去赞美神永的小诗。就连天皇都会亲自观赛。

　　起初的十分钟里，日本人和荷兰人难分高下。神永攻而吉辛克守。两人都紧盯对方脚下，试图预判下一步动作，仿佛在用身体对弈。忽然，吉辛克向前猛扑，体型巨大的他居然出奇地敏捷，一把将神永按倒在榻榻米上，并死死压住后者。日本冠军拼命挣扎，试图抓住对手，他强健的小腿一遍遍拍打着榻榻米，就像一条鱼在做垂死挣扎。终于，裁判宣布时间到了，吉辛克胜。

　　起初现场一片死寂，接着响起啜泣声。巨大的羞耻感让人几乎难以招架。日本人的阳刚气概再一次面临西方优越力量的考验，并再一次被证明成色不足。但随后发生了一件意想不到的事。吉辛克获胜后不久，一干荷兰拥趸本想冲入场内恭贺他们的英雄，吉辛克却立即抬手制止了他们，然后转向神永毕恭毕敬地鞠了一躬。日本观众纷纷起身，对这一尊重对手的传统姿态报以掌声。这一幕他们永远也无法忘怀。在东京，吉辛克这位魁伟的荷兰胜利者向日本人展示出刚柔并济的威力。自打那时起，他在日本人心里成了永远的英雄。

正如我们将要看到的，过分自信、狂热心理、深深的自卑感以及时而执念于民族地位的想法——所有这些因素对日本现代史都产生过影响，但相较于其他品质，有一种最令其受用：那就是虽败犹荣时的那份优雅。

第一章

黑船来袭

1853 年 7 月 8 日，绰号"老马特"的马休·卡尔布
莱斯·佩里（Matthew Calbraith Perry）准将率四艘全副武装
的军舰驶入江户湾。他此行的使命是逼迫日本对美国舰船开放
港口。彼时的佩里认为日本人是一群愚民，他这么想也情有可
原。日本同他国断绝往来，已经大约有两百年了。日本统治者
一方面忌惮外部势力入侵，另一方面又担心传教士散播的基督
教信仰会让臣民变得难以管束，于是取缔了这一教派。除了将
大部分外国人和所有神甫驱逐出境外，还禁止日本人出国。胆
敢违令者格杀勿论，且死法一般都极其惨烈，没有人敢以身试
法。虽然同中国和朝鲜仍有通商往来，但自 17 世纪 30 年代以来，
日本国内的西方人仅剩下一小拨百无聊赖的荷兰商人，他们被
禁足在长崎市近海的一座人工小岛上。

"黑船事件"是近代史上最引人注目的较量之一。一方是
佩里及其麾下四艘"邪恶黑船"，它们停靠在日本岸边，鸣响

火炮，隆隆的炮声传递着不祥的讯号。另一方是日本人，站在岸边一字排开，手握刀剑和老式火铳。佩里准将坚持只同日本政府的最高代表打交道，却吃不准此人是谁。天皇虽高高在上，但仍是没有实权的虚君，至于他和将军之间的区别，佩里更是一头雾水。身居京都这一昔日帝都的天皇象征着日本的文化延续性，承担礼仪和精神上的职责；而作为武士大统领的将军则坐镇江户，也就是今天的东京，主持朝政。自 1603 年起，历代将军均出自德川一族，他们的政府也因此得名"德川幕府"，亦称"江户幕府"。　　　　　　　　　　　　　　　　　　　　12

　　对此一概不知的佩里却坚持要将美利坚合众国总统米勒德·菲尔莫尔（Millard Fillmore）*要求日本开埠的信件直接呈给天皇。但即便这封信交到后者手中，也只会令他不知所措。

　　由于日本的通事只懂荷兰语这一门欧洲语言，与他们的沟通进行得很艰难。17 世纪，葡萄牙传教士被逐出日本后，更关心赚钱而不是传播信仰的荷兰商人成了唯一获准驻留日本的外国人。尽管日本官员对美国人的坚船利炮充满了好奇心，也很乐意在佩里的旗舰上品饮兑了糖水的白兰地，但他们奉命让这些"花旗洋鬼"走人。他们坚称，对外开放的通商口岸只有长崎。然而，对其火炮威力信心满满的佩里不肯让步。官方指派的美国翻译、传教士卫三畏（Samuel Wells Williams）对日语只了解个皮毛，他在日记里写道，"志在四方的扬基民族"前来"打破了（日本）麻木不仁和长

---

* 米勒德·菲尔莫尔（1800—1874），美国第十三任总统，任内（1850—1853）开启了美日关系史上重要一步。——编注

期以来的蒙昧状态"。

　　就在日本人商量对策期间，他们靠虚与委蛇和其他拖延战术镇住了飞扬跋扈的佩里。终于，在经过深思熟虑后，佩里被允许上岸。接着，双方开始比试谁的排场更大。佩里大步流星，两侧是他最高大的黑人保镖；日本人则身穿上好的绸布服装。双方互赠礼物：美国人得到的是华美的锦缎、瓷碗、镀漆盒子、折扇等工艺精湛的宝贝；而日本人得到的是一台电报机和一节迷你小火车。日本人叫来了相扑大力士，还邀请佩里在他们肚子上打两拳。酒敬了一轮又一轮，某位日本官员在灌下大量威士忌和香槟后，搂着佩里说道："日本美利坚，两国一心。"日本男人在喝醉后赞美国际友谊时都是这副德行。

　　冷静的传教士卫三畏指出，这真是"东西方之间的一次奇妙融合"，"铁路和电报、拳师和受过教育的运动员……削了发的秃顶和睡衣；手持火铳的士兵队列紧凑，进行操练；围着衬裙、穿着木屐、佩戴两把剑的士兵，所有人都乱哄哄的，跟乌合之众一样——所有这样或那样的事物，均凸显出我们的文明和习俗同这个与世隔绝的异教徒民族之间的差别"。日本人赠送的礼物很明显说明他们是"部分开化"的，而美国人的礼物则体现了"科学和更高等文明的进取心所获得的胜利"。

　　二十年后，许多日本人会秉持相同的看法，似乎"普世"的西方给一个深陷中世纪混沌的国度带来了一线光明。

　　佩里准将或许打心眼里相信他的使命就是教化劣等人，但是无论是此次访日，还是 1854 年再度访日，他的当务之急都是扩大美国在日贸易权益。他麾下战舰甲板上的六十一门火炮

13

和日本形同虚设的海防（多数炮台都是障眼法，再说日本当时也没有海军）最终令江户幕府认识到，与其发动一场以卵击石的战争，不如委曲求全。自此，美国舰船获准驶入两个指定的日本港口，装载煤和其他补给。这些东西美国人会花钱购买，算是建立贸易关系的第一步。 14

在美国人看来，这一切颇得他们的心意，而佩里也会因为迫使日本"开国"而名留青史。在他的一生中，这份殊荣总是被挂在嘴边，逢人必吹嘘一番。的确，佩里的黑船以及其他出没在该地区的西方舰船触发了日本朝野的一场政治危机，终结了这个国家闭关锁国的状态。江户幕府的独裁统治维系了两百余年，但与西方优势力量的对峙暴露出了它不堪一击的一面。无独有偶，二战期间，日军也将欧洲帝国的外强中干展现得一览无余。围绕如何应对危机方为上策一事，日本人产生了严重的分歧。部分少数派呼吁放外国人进来，打开国门，对外通商；其他人则赞成不惜一切代价也要把番夷逐之门外。越来越多心怀不满的地方武士和知识分子预谋推翻不得人心的幕府，建立一个欣欣向荣的国家，并扶植天皇（以及他们自己）站上权力舞台的中心。与之相对的是一群鲁莽的好战之徒，妄图剪除任何反对将军的势力。造成这番动荡并非佩里一个人的"功劳"，但他的做法无疑激化了局势。

然而，佩里认为日本人乃井底之蛙的想法实则大谬不然。在他抵达江户湾之际，日本精英对美国的了解要胜过美国人对日本的了解。尽管相对闭塞，但日本人比起包括中国人在内的大多数亚洲人还是更了解西方。他们在英美政治、西方科学、 15

医学、历史和地理方面的知识着实令人叹服。他们手头掌握着
详细的美国地图，也知晓美国的政治制度。17 世纪时，西方
科学便已东渐，流入日本。日本人还做过有关俄国军事、英国
经济等多方面的研究。不过，鉴于后来的历史进程，日本人从
上述研究中得出的结论要比研究本身更为重要。

* * * * *

人们常认为，基督教在日本从未获得过发展壮大的机会，
但实际上早在 16 世纪，西班牙和葡萄牙传教士在劝说日本人
入教一事上便成绩斐然，特别是精英阶层中皈依者甚众。这使
得将军及其谋士深深忌惮这一西方信仰。1638 年，日本基督
徒惨遭屠戮，外国传教士被驱逐出境，所有被认为有基督教色
彩的书籍一概遭到取缔，利玛窦撰写的科学类书籍也赫然在列。
更奇怪的是，就连欧几里得的《几何原本》和西塞罗的《论友谊》
也被视为禁书。但西学并未因此偃旗息鼓。17 世纪初，当局
对所谓的基督教宣传品的封杀，以及旅居长崎的荷兰商人，共
同促成了"兰学"的滥觞，也就是"荷兰研究"。以这门新型
学问为业的人统称为"兰学者"，意即研究荷兰的人。

公众对荷兰人的印象是一群番邦异兽，小解时会像狗那样
抬起腿，他们一头红毛，眼珠子蓝得跟鬼畜一样。不过，没过
多久，长崎官方指派的通事便发现西医效果显著，而相形之下，
中医则不那么管用。这些人说是通事，其实还身兼坐探一职。
在没有辞典、不谙语法的情况下，他们学会了荷兰语，这绝对 16

是一项了不起的成就。除此之外，长崎和江户的部分医生还勤奋地钻研欧洲医学。官方对与荷兰有关的事物也饶有兴致。每年，荷兰商人都会被传唤至江户，接受将军及其随从的连番提问。为了给后者助兴，荷兰人还被要求唱歌、跳舞、互相亲吻，活脱脱地被当成了马戏团动物。

1720年，对欧洲事务发自内心感兴趣的幕府将军德川吉宗放松了对西方书籍的禁令。吉宗有着异乎寻常的宽广胸襟，但他同中国帝王一样，是个心系稼穑殷盛的传统主政者。当时正值城市工商业萌芽和乡村暴动频发的时期，为防止出现更多农民起义，吉宗致力于改善农民的生活。由于节气对于农耕至关重要，将军便重视起历法来。在听人进谏说欧洲历制比中国历制更精确后，他决意弘扬"兰学"，并表示："红毛国的人，做事往往靠心理演算，讲究合情合理；他们只会使用看得见摸得着的器物；要是某事不确定的话，他们不会言之凿凿，也不会拿来用……"

吉宗对"兰学"感兴趣，更多是出于实际需要，而非哲学思辨。尽管如此，他的态度同中国皇帝还是大相径庭。在后者的构想中，天朝大国居于天下中心。吉宗的继任者并非个个同他一样有着旺盛的好奇心和豁达的心胸，此外，兰学始终处于一种危险的境地，尤其在19世纪初，那时幕府正绞杀异端学说。无论大多数兰学者多么爱国，多么保守，只要他们过度醉心于 17 西洋事物，身上总隐隐笼罩着一层卖国嫌疑。官方以及多数学者的立场是，尽管西方科学在有效治理日本一事上可以成为一件有力工具，但是万万不可让普通人接触到外国思想，生怕人们会"找不着北",忘了听统治者的话。

德川幕府奉行的意识形态是新儒家,这是儒家思想中特别保守的一脉,创始者是 12 世纪中国哲学家朱熹。朱熹强调自然秩序的重要性,而这一点经日本人诠释,成了对权威的绝对服从。儒家士大夫的职责是解释典籍,确保人们加以遵守。他们好比教士,有权阐释上天的法条。19 世纪著名自由派教育家福泽谕吉曾一针见血地指出这一传统的局限性:"在吾国,学问意味着统治者的学问,仅仅是治国术的一个分支。"不少儒生——日语里称"儒者"——兼具教师和中医的身份,西学与他们奉为圭臬的部分信条格格不入,对其地位构成了直接的威胁。因此,他们乐见西学倡导者遭到打压。

同洋教师过从甚密或许会以悲剧收场。长崎的荷兰贸易使团里有个十分博学的人,名叫菲利普·弗朗茨·冯·西鲍鲁特(Philipp Franz von Siebold),是个内科医生,有德国血统,为人少言寡语。痴迷于收藏日本物件的冯·西鲍鲁特帐下有不少敬重他的日本弟子。1826 年,在前往江户途中,他同高桥景保交换了礼物。高桥是出色的翻译和天文学家,是荷兰人口中的"格劳比乌斯"(Globius)。"格劳比乌斯"送给冯·西鲍鲁特一份日本地图,自己则获赠一幅世界航海图。消息一经走漏,冯·西鲍鲁特就因间谍罪被捕,继而被驱逐出境,而"格劳比乌斯"于三年后死在狱中,死因或为自杀。

另一位倒霉的学者是青年吉田松阴,他无比渴望见识西方世界,央求佩里让他上船,带他回美国。佩里拒绝了他。吉田因擅自登上美舰被囚禁于牢笼内。他的老师佐久间象山也因为

18

怂恿学生出国游学身陷囹圄。佐久间曾基于自己的西学功底，发展出一套理论，探讨防范外夷入侵的最佳对策。他发表过《省侃录》这部名作。出狱后，因为给坐骑安了西式马鞍，佐久间死在了狂热的反西方分子手中。

彼时钻研西学是要冒风险的。然而，多数兰学家很难算是逆党，哪怕是那些呼吁以妥协退让来应对佩里掀起的风波的人，也一样不是乱臣贼子。许多人或行事谨慎，唯恐被卷入政治，或对此不屑一顾。总之，他们几乎清一色都是赤忱的爱国者，虽对中国中心论的蒙昧主义倾向颇有微词，却仍笃信新儒家的那套君臣之道。同冯·西鲍鲁特交换礼物的"格劳比乌斯"因涉嫌卖国死在狱中，但也同样是他，曾于1825年建言政府将所有外国船只驱离日本海岸。要是有人能将18、19世纪（乃至20世纪）的日本思想家分为两派，一派是进步的、信奉自由主义和追求民主的西化论者，另一派是反动的、倡导本土论的威权主义者，这固然很好，可问题是这种区分过去不存在，如今也不成立。积极鼓吹通商和怀柔的人士——他们中有不少兰学家——同时也宣称，有朝一日，待日本"师夷长技以制夷"后，国家就能再度回退到安稳的锁国状态了。 19

* * * * *

即便钻研"兰学"的人自己浑然不觉，他们的学识对削弱儒教国家的哲学合法性也起到了推波助澜的作用。日本人从中国那里借鉴了一套基于天下原则的治国理念：人类社会的自然

秩序要以天下自然秩序为依据，一位仁君务必确保二者之间的
和合共生。儒家伦理被认为符合自然原则，"兰学"则引入了
一种截然相反的世界观。要是能对自然原则进行理性分析，而
支撑儒教国家的天下观念又可以被证伪的话，那会对其政治合
法性构成严重的挑战。

　　总而言之，西方科学在中国造成的震荡要甚于日本，因为
其显示出中国并非天下的中心。为了避免可能爆发的伦理革命，
中国人采取了将中式伦理同西方科学一分为二的做法，就仿佛
欧洲思想无关乎伦理。19 世纪末曾流行这样一句话："中学为
体，西学为用"。可实际上，这在中国根本行不通。西学不可
能在不遭到严重歪曲的前提下被剥离到简单的器物层面，而旧
有的中国中心论原则也很难同科学探索相调和。因此 19 世纪
以降的中国思想家往往会在立场上呈现一百八十度的大转弯，
从先前沉郁的保守主义思想倒向激烈的偶像破坏论：要么就捍
卫中国传统——管它应是何种面目——使其免受哪怕一丁点儿
外国势力的玷污，要么就打着"赛先生"的旗帜，把传统砸个
稀巴烂。现代中国的历史就是这两种情况的写照。

　　对于西方思想，日本人有着相似的对策，却不像中国那般
疾风骤雨，或者就算是疾风骤雨，表现形式也不尽相同。日本
的知识分子同样采取了"举西方科学，存日本精华"这一保全
颜面的策略，结果一样碰壁。然而，日本具备一大优势，即文
化边缘性。过去视中国为智慧中心的日本思想家可以轻而易举
地转寻其他效仿对象。重要的是，鲜有日本人会幻想地球围绕
日本转，他们或许会认为日本有着得天独厚的优势，是一片得

20

神护佑的土地，但与之争夺神明眷顾的国度还有很多。他们还明白，日本的政治制度乃至其立足的原则都是源自中国的舶来品，一旦旧秩序运转不灵，想再师从他国也不会面临什么阻力。

日本与中国的另一大区别在于权力分割。在中国，世俗和政治权力集中在朝廷手里。德川时期的日本，将军以铁腕统御全国，天皇的角色则更近似教皇，经过他的加冕，世俗统治者才被赋予了合法性。这种安排后来有所异化，原因是与天皇同属一朝的将军也开始显露出一些帝王相。不过，分权有一大好处：可以起来造政府的反。而要是打着效忠天皇的旗号、且无叛国之嫌时，就更是如此。换成中国，这绝非易事。

西方影响常常是日本剧变的催化剂，但绝不是幕府体制开始显露颓势的唯一诱因。早在 17 世纪，以大阪为主的一些沿海城市就已形成一个日益富裕且成熟的商人阶层。他们买卖日用品，订立自由契约，从事奇货可居的投机生意。商人在官方的尊卑体系中要比农民和匠人低一等，但当他们富起来的同时，名义上处在等级制顶端的武士往往变得无用武之地，到了 18、19 世纪愈发穷困潦倒。天下太平了，职业武士还有何用？武士的数量太多，没法安排所有人进入官府工作，经商则又显屈尊。三百年后风靡西方的那些记录武士信条和侠义精神的浪漫文字其实反映了他们无所事事的状态。旨在重武抑商的尊卑体系已经跟不上经济发展的脚步。此外，闭关锁国的国策也阻滞了日本的技术进步。

19 世纪 40 年代，中国在鸦片战争中惨败的消息传至日本，引起一片哗然，因为这不仅说明中国已十分落后，同时也折射出日本自身的脆弱性。但实际上，许多日本人很早以前就已抱有这样的疑虑。1644 年，满族灭明后不久，国势便一落千丈。差不多在胸襟宽广的德川吉宗大力倡导兰学的同时，日本国内还兴起了一股复兴文化传统的热潮。信奉本土论的学者在日本诗歌、神道教之万物有灵论和天皇崇拜中寻找日本优越性的证据（他们确实找到了）。甚至有人表示日本应取代中国，成为真正的中央帝国——至少他们心里是这样想的。跟日本皇室的纯净血脉一对比，中国叛乱频仍、朝代更迭的政局就相形见绌了。日本文学表达含蓄温婉，汉学则被认为过于冰冷和理性。就连日本的亲华派也开始挑战"新儒家思想象征自然秩序"这一命题。而经由"兰学"引进的地理学则清晰地表明中国并非天下中心。

22

* * * * *

时至今日，日本国内的本土论者依然有一种恼人的习惯，他们研究外国思想的目的是为了印证日本民族独一无二的优越性。神道教复兴论者牢牢抓住哥白尼的天文学说，以此证明日本人一直以来都是正确的。地球当然是围绕太阳转，那么天照大神，即太阳女神，难道不是日本人的神圣祖先么？日本不是从诞生之初就面朝太阳么？无疑，这种说法在佛教徒和信奉中国中心论的保守派看来不啻为歪理邪说，但同时也恰恰点明了西方思想之所以令本土论者心潮澎湃的原因：其有助于将日本从中华文化圈里解放出来。

更耐人寻味的是一些本土论者对基督教的态度。18 世纪末 19 世纪初，本土学派的重镇设在水户一座别致庭院里的书院（保存至今）。位于江户东北的水户长期以来就是学问之都，佩里准将造访日本时，水户藩藩主态度强硬，反对向外国人作出任何妥协。他鼓吹"尊皇攘夷"的口号。在他的支持下，所谓的水户学派专事日本独特性的理论研究。该学派领军人物之一的会泽正志斋曾在 1825 年发表著名的《新论》。会泽宣称，基督教是邪教，西方蛮夷则是一群"野猪饿狼"，他们在日本一靠岸，就应被剿杀殆尽。

可会泽同其他水户学派人士又都是勤勉的兰学者。会泽总结道，欧洲国家之所以强盛——这点他一上来就予以肯定——要归功于西方信仰。他认为，作为国教的基督教令欧洲臣民自然地归顺统治者，一神论可以促成国家统一，"政""教"应当合一。这样说来，日本需要的是属于自己的国教，由天皇担任大祭司。为了达到这一目的，就应该将神道教这一远古的日本信仰由众神崇拜的自然宗教改造成一门将所有日本人都置于天皇荫庇之下的全民信仰。神圣祖先天照大神将接受人们的顶礼膜拜，地位堪比基督教里的上帝。令人扼腕的是，政教合一后来成为日本现代民族主义思想的奠基石之一，借的是古代传统的力，但效仿对象依然是欧洲。

西学学者和水户本土论者都或明确或隐晦地挑战了中国中心论式的旧秩序，因而两派人的立场实际上是一致的。不管是兰学者，还是本土论者，都不欢迎佩里舰队这群不速之客，有许多人是彻头彻尾的排外论者。不过，他们承认西方思想的力量，也愿意加深了解，为的是能使日本有朝一日跻身强国之林。撇开围绕远古文献、皇室血脉纯洁性和祖先神祇的那套玄奥话语，从许多方面来看，本土论者和西方人一样现代，尽管西方到了他们这里通常会变得面目全非。此外，他们还将西方世界最坏、最无情的一些东西学了去，并仿而效之。

　　其中之一便是殖民主义。18 世纪末有一位杰出的兰学者，名叫本多利明，是一位贫寒武士之子。本多在仰慕者口中被唤作"日本的本杰明·富兰克林"，这位日本的"富兰克林"和水户派交游甚密，说真的，他的一些想法放在当时来看可谓十分进步。他尝言，政府建立的前提是民众许可，因为"当违背民意而以武力统治国家时，许多人会发自内心地反对强制胁迫，并成为作奸犯科之徒"。他还赞成游历海外，以开阔日本人的眼界。本多将国家的大部分问题归咎于对科学的无知以及卑躬屈膝地因袭中国已然不得人心的做法，他甚至还提议弃用汉字。根据对英国的研究，他总结道，一个面积狭小的海洋国家需与外界通商。他相信，日本有四大亟需：火药、金属、航运和殖民。

　　本多认为，没有殖民帝国，一个国家便无法成就一番伟业。他对日本殖民帝国的构想同其政治思想一样，既进步，也无情，这一点同他崇尚的楷模英国的殖民方针高度吻合。为了攫取日本致富所需的劳动力和自然资源，可以对被殖民国家的原住民进行剥削，也可以砍伐森林。参考日本其后在东南亚的所作所为，这一主张在当时可谓极具"先见之明"。本多对好的殖民统治的看法也领先于同时代人："父亲般的统治者有责任引导并教化原住民，好让他们每个人都不会庸庸碌碌地混日子。"

这样说来，佩里的翻译、善良的卫三畏牧师根本就没有参透这些日本"原住民"。他们完全不像他认为的那样麻木不仁和愚昧无知。日本人心里的主意多得很，其中不少观念早在卫三畏抵日很久之前就已从西方东渐。问题是，在旧秩序的大厦将倾、一个崭新而现代的国家成型之际，到底哪些观念是行得通的。纵然学者的思想对后世存在影响，但他们并非缔造历史的主体。直到20世纪20年代，本多的学说才完全为世人所理解，他的声望也达到了生前难以企及的高度。不过，那些推翻幕府统治的人除了受到思想的鼓舞外，切身利益也是他们行动的原动力。他们当中一部分人是排外论者，一部分是朴素自由论者，还有一部分则兼具双重身份。

倘若说即将到来的这个百年是以排外、威权主义和战争为标志的话，通往开放、民主局面的道路也并未完全被堵死。1837年前后，所有渗透进日语的外来语当中有个荷兰语词汇，叫vrijheit（经由荷兰人撰写的一部拿破仑传记引入），意为自由。至少有一位日本通事对此念念不忘。他很清楚大声说出这个词会招致危险，因此一直郁郁寡欢。据当时一位见证者所言，他只能靠饮酒来解闷，但"喝醉后，又免不了高喊'Vrijheit！'"。

也许卫三畏认为日本人"部分开化"的看法还不至于错得那么离谱，这一评价对世间所有人都通用。无论身处哪个时代，开化的那一半人总会做一番挣扎。只可惜，在日本，挣扎总会以失败告终。

＊ ＊ ＊ ＊ ＊

1853 年至 1868 年这一时期，也就是自佩里的黑船来袭到 26
幕府统治的灭亡，史称"幕末"。"幕末"这个词除了隐含"世
纪末"（fin de siècle）的轻佻、浪荡意味外，还呈现出一种黑
暗而暴虐的面貌。这一点起先在剧情邪恶的歌舞伎作品中被描
绘得淋漓尽致，很久之后又在不计其数的武侠片里得到了体现。
"幕末"临近尾声之际，日本社会波诡云谲，动荡不安，阴谋四起，
杀机四伏，兵燹不断，政变频繁。来自西南的藩主们同德川幕
府的忠臣明争暗斗，最终导致内战爆发。这一时期，人们狂躁
不安，各种"末法"思想*层出不穷。暴民啸聚江户在内的大城市，
高举神道教画像，去神社拜祭，在大街上衣不蔽体地翩翩起舞，
甚至在众目睽睽之下行交媾之事。他们打劫富户，边打劫还边
像走火入魔的教徒似的大喊："这样不好吗？这样不好吗？我
们想干嘛就干嘛！"同 20 世纪 30 年代和 70 年代初的情况一样，
19 世纪 60 年代涌现出一批年轻的极端主义者，视暴力为民族
救赎之道。之所以出现这种现象，或许与日本社会在太平时期
受到的严密管控有关。

佩里的到来使得"尊皇攘夷"这句口号成了"倒幕"的一
纸战斗宣言。江户幕府不仅越来越无力维持时局，还被指责是
外敌来犯的祸首。人们既畏惧变革，又反抗传统。革命党既是

---

* 原书作 millenarian cults，但在日本幕末时期，并非带基督教色彩的千禧年主义信仰，
而是末法思想，一种佛教末世论。末法是佛教用语，指正法绝灭，佛法衰颓之时
代。——编注

偶像破坏者，亦是反动势力。年轻的极端主义者往往出身于低级藩士家庭，在旧社会里迷失了自我，于是通过一系列暗杀行为来表现他们排外、尊皇和救国的抱负。这为之后的一个世纪树立了标杆。1858 年，一位幕府高官*与美国签署条约，赋予美国人在日通商和居留的特权。他晓得自己无从选择。两年后，这位官员在位于江户的将军府外遇袭身亡。一伙来自水户的武士把他从坐轿里揪了出来，当场砍掉了他的脑袋。虽然凶手自认为官员该杀，但怎么说这也是以下犯上。于是，杀手按照武士的惯例，切腹自裁，以死谢罪。

另一位险些得手的刺客是个来自土佐地区（位于日本西南的四国岛）的青年，名叫坂本龙马。他是许多小说、剧本、电视剧和电影的主人公，常被称为日本的"加里波的"（Garibaldi）†：一头乱发，放荡不羁，腰挂佩刀。这番打扮在二战后比在战前的专制时期更受人推崇。坂本从政之初是个嗜杀的狂徒，后来获得政治启蒙，这一转变过程折射出同时代人身上共有的幽暗魅力、急智和对不同政治可能性的开放心态。

一想到自己要过那种束手束脚的地方武士生活，坂本便心生厌倦。他退了学，离家出走，告别领主，上了一所剑术学校。满脑子都是水户学派那套民族纯洁和外夷险恶之说的坂本动身前去刺杀卖国贼。他自认为找到了完美的目标：人称"麟太郎"

---

* 指井伊直弼（1815—1860），彦根藩藩主和江户幕府大老。其暗杀事件被称为"樱田门外之变"。——编注
† 意大利民族独立先驱。

的胜海舟[*]。后者是幕府的海军专家和知名兰学家，曾在长崎同
荷兰海军专家共事过一段时间，也作为 1859 年日本首批派驻
美国的公使团成员，亲眼见证了美利坚国力的强大。他总结道，
日本要想维持其独立国家地位，唯一的机会便是打开国门。在
坂本这种狂热的年轻武士眼里，胜海舟此举不啻为懦夫行径和
卖国求荣。

　　据传当时经过如下：胜海舟在面对前来索命的青年时，镇
定自若地说道："你是来杀我的吧？要是的话，应该先等我把
话说完再动手。"这之后，事情出人意料地来了个大转折，但
这种转折时而又很符合日本主人公那种鲁莽的性格特点。胜海
舟辩称自己和坂本一样爱国，他唯一的目标就是让日本变强大，
赶走外夷的最好办法是先学会他们的全部技艺，因此他才提倡
门户开放，一开始妥协退让。据传，坂本扔掉了手中的剑，跪
倒在地，为自己的"心胸狭隘"赔罪，并恳请胜海舟收他为徒。
也许当初情形果真如此。

　　坂本在胜海舟身边侍奉了数年，后来在长州、萨摩和土佐
之间斡旋，促成了它们的结盟。这三个藩是西南几股反幕府势
力的中坚力量。萨摩位于九州南部，长州在本州西陲。16、17
世纪之交，日本陷入内战，这三个藩的领主吃了败仗，因此一
直被排除在德川幕府的核心权力圈之外。萨摩和长州的藩主打
算同江户幕府开战，但坂本主张议和，并敦促其盟友说服将军
退位。坂本提议，日本应由一个地方大名组成的议事院共同治

28

---

[*]　胜海舟（1823—1899）是幕臣中开明派的代表人物，也是幕府海军的创始人。

理，德川将军在其中仍有发言权，但不再担任大统领。1867 年，末代将军同意了坂本的提议，但萨摩和长州的武士此时已丧失耐心，唯有一件事能满足他们，那就是幕府的倒台。

坂本把新的活动地点设在长崎，他在那里研习西方政治体制，并对欧洲国家的宪法产生了浓厚的兴趣。尽管没读过几年书，坂本想必聪慧异常，因为早在 1867 年时，他就已设想出后幕府时期一幅高度详备的政府架构蓝图：政治权力必须被交还到天皇手中，但一切政府决策的通过须以两大立法机构，即上下议事院的"全体人员意见为依据"。宪法的起草也势在必行；在物色高官人选一事上，则采取任贤选能的原则，不再看重等级或出身。（有必要记住的是，像坂本这样地位卑微的武士总被要求对上级卑躬屈膝，不管是在本藩还是外藩。）后来，坂本在另一份文件里详细说明了如何遴选贤能以及选举委员会所发挥的作用。对于开展外事，他的意见是"要遵循全体意见通过的恰当规范"。

鉴于坂本自身的背景以及此类政治模式在日本史上尚属首创这一事实，这份文件的意义不容低估。一年后，其中大段行文被写入明治维新的《五条御誓文》*，正式宣告幕府统治的终结。明治，顾名思义就是"开明之治"，被用作天皇的新年号。过不了多久，"明治"二字便会成为令人瞠目结舌的现代化进程的代名词，引得那些仍然生活在西方殖民统治下的亚洲人纷纷投来敬畏的目光。

---

* 《五条御誓文》，是日本明治天皇于庆应四年阴历三月十四日（1868 年 4 月 6 日）发表的誓文。

29

　　这是一则振奋人心的故事，讲述了一个社会如何经由进步
思想洗礼，从封建主义和军事专制迈向自由和启蒙。可惜事情
远没有这么简单。毋庸赘言，政治自由主义的种子已经撒下，
但其生长进程从一开始便受到其他力量的阻遏，将日本推往另
一个方向。一旦天皇和他的廷臣为某个政治目的所用——利用
他们的是反抗幕府的叛党，以萨摩和长州这两个藩为主——一
种现代化的专制主义便应运而生了。

＊＊＊＊＊

　　几个世纪以来，身居京都的天皇象征着日本文化与道德的　　30
守护人。对于其政治授信，将军根本不当回事，甚至都懒得与
之见上一面，遑论共商国是。到了 19 世纪 50 年代末，情况则
大为不同。反抗幕府的强硬派人士怂恿孝明天皇反对同美国签
订协议，但天皇本不应对这类事发表意见。即便反对幕府的叛
党并不真的希望看到天皇直接行使政治权力，也已拉开了天皇
制走向政治化的序幕。

　　这一进程最终以灾难收场，其结果早在新宪法制定之初
的几部草案里就可见端倪。1867 年，在同萨摩和土佐方面的
代表会晤过后，坂本龙马等制宪者拟了一部草案，其中包含下
述条文："国无二君，家无二主，政刑*归于一君乃自然之理。"
话虽如此，这番措辞还是给建立世俗政府留有一定余地。天皇

---

*　即行政和司法权。——编注

依然可以只充当名义上的统治者，将执政之事托付给文官组成
的政府。但实际情况似乎是"复古神道"学派的口号"祭政一
致"——即祭祀和政事统一——正在成为一种政治现实。

幕府统治的终结并不像坂本料想的那样是个和平的过程。
1868—1869 年间，拥护幕府的臣子和天皇的军队之间爆发了
内战。拥幕派来自东北的几个藩，倒幕派则来自西南。战事进
行得很惨烈，那些不幸身处交战双方中间地带的平民只能任凭
武士对他们百般欺凌。幕府的最后一道防线设在会津这座水户
西北的城邑。三万天皇大军兵临城下，用最新式的西方火炮轰
击会津藩藩主的堡垒。在苦苦支撑逾两周后，这座城池被大火
吞噬。许许多多拥幕派年轻武士在绝望中切腹自尽。堡垒被攻
破了。会津藩藩主损失了三千多名手下，他本有两万多人马，
剩余的散兵游勇面对追兵，一路逃亡至北方的苦寒之地，死于
饥馑者无数。

天皇迁都江户，并更名为东京，这也是近千年来天皇首次
与政府机关同处一座都城。东京市中心建起了名为"靖国"的
神社，以缅怀为天皇捐躯的英灵。他们的牌位被供奉在神社内。
在后世一系列对外战争中，数以百万计的日本人也将魂归此地。
那些效忠幕府的人士则下场凄凉，无人为他们建祠立碑。时至
今日，靖国神社依旧能激起人们强烈的抵触心理，反对者不仅
有日本过去在亚洲的敌人，还包括日本国内的基督徒和自由派。

不幸的是，坂本没能活着看到幕府走向覆灭的这一天，亦
未能等到他为之呕心沥血的明治维新成为事实。幕府统治的最
后几年里，京都成了一片乱世，遍地都是阴谋家、刺客和行走

江湖的剑士，人人都在蠢蠢欲动。1867 年冬，坂本藏身于一位贩酱油的友人家中。他知道幕府的人在追杀他，但自觉无人身安全之虞，于是差保镖出门买吃的。一个陌生人敲响了商人家的门，说要找坂本龙马。坂本的家仆刚想转身去禀告楼上的主人，来客便闯进屋内，身边还跟着两名剑客，他们拔刀向坂本的头部、身体和四肢砍去。这些刺客是"新选组"的成员，该组织的宗旨是杀光所有与将军为敌的人。事毕，他们走了，留下了倒在血泊中的日本制宪第一人。

32

第二章

文明开化

据传，2月11日是日本神话里首位天皇建立皇权的日子，日本特意选在1889年的这一天纪念其"名正言顺"地跻身强国之林。一个焕然一新、与封建时代彻底决裂的日本将拥有属于自己的第一部宪法，落实"文明开化"这一明治时期的主要口号。除此之外还有一个口号，略晚些流传开来，这个口号便是"富国强兵"。不过这还是后话。说到天皇，他像神赐礼物一样将宪法施予臣民。围绕这一重大事件而举行的仪式隆重而盛大，十分符合明治日本那种奇特的文化矛盾心理。

一大早，明治天皇（外国人多以其名"睦仁"称呼）便穿上古制朝服，遁入东京皇宫的神社内室中，向列祖列宗禀告了新宪法的事。他解释道，这份文件符合"文明进步"的精神，旋即话锋一转，劝诸位先皇不要担心，说新宪法定会维系皇权的世代传承。还不光是维系，明治维新——抑或是明治维新的政治宣传——的意义就在于，它"复辟"了远古形态的日本皇权。

　　明治天皇的臣民此时还对皇恩浩荡的陛下赐给他们的新宪法的内容浑然不知，但就算是参加了随后举办的庆典的人，也一样被蒙在鼓里。庆典于当天晚些时候进行，天皇身边有一位德国顾问，专门负责就宫廷礼仪的"移风易俗"出主意。庆典便采纳他的方案，取欧式风格。正如当时某幅浮世绘所示，天皇的觐见室为仿维多利亚风格，欧式和日式图案随处可见，譬如金色的流苏、红色的软绒、精致的镀金烛台，数量多得让人眼花缭乱，应接不暇。已换上一套欧式元帅服的天皇端坐在金灿灿的普鲁士风格的御座上，身后是皇家徽章，脚下铺着长长的红地毯。皇后紧挨夫君而坐，身穿一件极不相称的粉色晚礼服。她一般不抛头露面，此次登场，再度证明日本已接受文明开化的新风尚。天皇手下的大臣和留着连鬓胡子的士绅或身穿双排纽礼服，或一身戎装，腰板挺得笔直，显得不太自然。在画家笔下，他们被安上了一双与实际不相符的大长腿。天皇一侧是他的外交团队，以赞许的目光看着眼前这一切，好似观摩学校话剧社表演的家长。随侍人员中还有伊藤博文，他是日本枢密院议长，也是新宪法的主要起草者之一。伊藤崇拜俾斯麦，举手投足间有几分神似"铁血宰相"，包括后者手持雪茄的仪态。（二战后担任首相的吉田茂也会以此方式表达对丘吉尔的敬意。）

　　有件事给这一喜庆场合蒙上了污点：改革派文部大臣 * 森有礼遇刺身亡。他对西方文明的优越性笃信不疑，以至于提倡

---

*　即教育部部长。——编注

日本人和欧洲人通婚，"是为提高日本国力之上策"。排外势力长期以来就对森有礼的西化做派恨之入骨。制宪日当天，一位来自长州的原藩士刺死了森有礼，原因是他在参拜伊势神宫这一神道教至尊圣地时表现得不够恭敬。尽管森有礼会因为喜欢说教被载入史册，但杀害他的年轻人一样青史留名，理由是他的爱国精神"至真至诚"。

37

　　继1868年政府许诺出台宪法以来，日本人总算有了一部真正意义上的宪法。十年来，举国上下的人都对新宪法的性质和可能的内容议论纷纷。民权和自然权利活动家发表倡议，撰写草案。同坂本龙马一样，植木枝盛也是来自土佐的原藩士，他写了一首歌，鼓吹主权在民，其中几句歌词激情澎湃：

　　　　让我们为宪法而奋斗！
　　　　为尽早实现民选议会而奋斗！
　　　　前进！前进！吾国的人民，
　　　　让我们推动自由和民权！

　　然而，实际颁布的宪法却言辞模糊，且完全将国家主权置于天皇手中。恰如日本名仕穿戴的礼服和高帽，以及东京市中心建起的某些现代红砖楼，宪法披着光鲜亮丽的西式外衣。立宪者借鉴了普鲁士宪法，为的就是让西方世界刮目相看：瞧瞧，日本如今也是现代化民族国家，那些赋予美国人和欧洲人在日特权——譬如治外法权——的不平等条约总算可以寿终正寝了。过去几个世纪以来，日本一直向某个外国京畿看齐，这一旧戏码如今再度上演，只是情况有变：巴黎、伦敦、柏林和华盛顿取代了中华帝国历朝古都的地位。

　　明治宪法的确授权国会筹备选举，首届选举的日期定在宪法颁布后次年，但是政党无从干涉政府大臣的人选任命。只有一小部分人——多是富裕的地主——享有投票权。伊藤博文在同僚中算得上是思想开明的，但他对此事的看法却与其偶像俾斯麦别无二致，即人民主权十分危险。他表示："鉴于皇权是我国宪法的基石，我们的体制就不能以一些欧洲国家通行的'君臣共治'观念为出发点。"

　　伊藤等寡头大多出身萨摩和长州两藩，1868 年维新之后，他们花了不少时间周游列国，为日本挑选合适的政治思想。一行人前往欧洲和美国，研究英美模式，并满怀感情地造访了荷兰这个日本"最久远的朋友"。尽管对美利坚的国力赞叹不已，也感念于美方给予的礼遇，但美式民主令他们惶恐不安：看着实在是太混乱了。因此，在听到旅德日本侨民说还有区别于英美、更适合日本国情的政治模式时，伊藤等人长舒了一口气。不过，并非人人都倾向于师从德国。明治维新著名先驱之一大隈重信就更推崇英国式的宪政思想，但这条路很快就被同僚堵死了。大隈本人也险些死于暗杀，刺客和杀害森有礼的凶手是一路人，都是那种一片"赤胆忠心"的狂徒。

　　由此说来，以明治宪法的定义来看，日本民主从一开始便如"病孩儿"。德国和古代日本的专制思想构成了新宪法的灵魂。但从长远看来，最大的隐患还是来自法条的模糊性。天皇虽被赋予绝对统治权，但算不上真正意义上的大统领，也不是类似

38

39

欧洲君主那种独裁者。按理说，天皇不应直接参政；他的理想角色是凌驾于世事之外，委托一群官僚精英以其名义制定决策。与此同时，日本武装力量效忠的却是天皇，而非文官政府。这就造成了一种垂帘听政的政治生态，躲在幕后的人基本上可以不受任何限制地行使大权，个体无需为其行为承担最终责任。

　　事情是否可以是另外一番局面？日本人难道就非得认准一个既不像德国又不像古代日本的专制体制么？存不存在建立民主制度的机会？机会还是有的，但是鉴于推翻幕府的那群人的背景，机会永远都成不了现实。

　　明治维新的一众英雄，诸如伊藤博文、西乡隆盛、山县有朋、大久保利通和木户孝允，均来自长州或萨摩。他们深谙忠诚、服从和军纪所构建的武士信条。西乡隆盛是维新时期最具浪漫色彩的人物之一，他身材高大，骁勇善战，还因为一对硕大的睾丸声名远播。西乡想在萨摩建立一个武士国家。一系列现代化改革——尤以取消武士地位世袭制为主——令许多武士感到被时代抛弃，胸怀愤懑，西乡便成了他们心目中的英雄。1877年，他率部起义，反抗中央政府，掀起一阵血雨腥风。从表面上来看，萨摩藩起事的动机是西乡认为日本对朝鲜的政策过于软弱，但实际上他另有所图。尽管许多改革措施根本谈不上民主，但对于千千万万习惯于封建体制的人而言，依旧是过于激进了。西南战争的爆发是日本人对"反动"起义者素来抱有好感的一大明证。西乡的一片赤胆忠心从未遭人质疑。同他那些思想较为开明的同志相比，后人至今仍认为西乡更加伟岸，更富英雄气概。

40

　　明治早期历史的惊人之处并不在于萨摩和长州藩主认为人民主权不对他们的脾性，而在于数量众多的日本人的看法恰恰相反。天皇于1868年颁布的《五条御誓文》中曾经承诺会创建"议事会"，且"所有事宜均通过公众商讨决定"。来自昔日土佐藩的权贵追随坂本龙马，在诸如塞缪尔·斯迈尔斯（Samuel Smiles）的著作《自助论》（Self-Help）等励志文学的鼓舞下，成群集党，鼓吹代议制政治。由于这些土佐藩藩士被排除在萨摩和长州两地领导人把控的中央政府之外，他们的这种做法相当符合自身利益——他们想为自己代言。

　　从某种角度来看，明治初期日本的政治改革并未跟上经济改革的步伐。不仅如此，伊藤博文等人相信，政治改革力度过大的话，会颠覆渐进式的经济政策。19世纪70年代的日本已经踏上通往现代市场经济的道路：法律废除了阶层等级之分，农民能够拥有土地，财产可自由买卖，一些垄断也被打破，取而代之的是自由企业制度。虽说是自由企业，实则从未脱离国家干预。正如明治口号所言，维新的目的不仅要"富国"，还要"强兵"，这就意味着政府要扶持增强军力所需的战略行业。早在幕府将军统治末期，日本人在欧洲专家的帮助下，就已着手建造蒸汽轮和加农炮。日本首座铸铁厂诞生于1857年，但41直到19世纪80年代，财政上捉襟见肘的政府将官营纺织厂、铁路、水泥厂等产业变卖给私营企业主后，日本才迎来真正意义上的第一波工业繁荣。也就是说，日本的工业革命要晚于英国，但也只比德国略落后几年。由于起初只有一小部分人有胆量涉足现代企业，日本工业财富的半壁江山便集中在几家公司手里，它们很快成长为巨大的工业联合体，亦称"财阀"。举例而言，三井在江户时期还只是一家织品店，后来发展壮大为集银行、贸易公司、煤矿、化工厂等诸多产业于一体的巨型康采恩。另一家知名财阀三菱刚开始只是一家规模很小的轮船公司，到了20世纪30年代，却已一跃成为世界上最大的工商业"巨无霸"之一。它们的发展模式如今在日本已耳熟能详。官僚、政客和商界领袖编织起一张绵密的关系网，他们推动经济增长的方式，不是靠鼓励大企业放开手脚在市场上竞争，而是通过制定战略方针，提供政府补助，以及签订互惠互利的密室交易。明治日本有的是小霍雷肖·阿尔杰*笔下的人物。乡下小子背井离乡、在大城市出人头地是明治时期小说家最青睐的主题。不同于美国的是，个人财富在日本得为国家需要让路。正如俾斯麦治下的德国，经济同政治一样，都是民族主义事业的一部分。

由此可见，经济上，明治日本已逐渐成为一个现代国家，但政府依然只是一小撮来自西南的昔日武士的专属领地，大久保利通、山县有朋、伊藤博文等人因此得名"寡头"。他们精明强干、精力充沛，某些方面聪慧过人，但死死守住权力不容他人染指的做法也确保了民主自诞生之初便会遭到扼杀。

不过寡头统治并非没有对手。最早想要将经济自由转化为政治自由的人士中有一位来自土佐的知识分子，名叫板垣退助。

42

---

*　小霍雷肖·阿尔杰（Horatio Alger Jr., 1832—1899），美国儿童小说作家，一生著有大约一百三十部作品，大都是讲穷孩子如何通过勤奋和诚实获得财富和社会成功的。

同大隈重信这位较为开明的明治时期领袖一样，板垣也是一起
未遂刺杀行动的目标。1882 年，他在参加公众集会时遭一名
狂热警官枪击，就在倒地之际，据传他还喊出了那句闻名遐迩
的口号："板垣可以死，但自由永不亡！"事实上，板垣捡回
了一条命，而他所推崇的自由权利就没那么幸运了。

　　板垣等所谓民权运动的领导人认为，主权不应立足于"君
权神授"——这不啻为对帝制的当头棒喝。他们时常会搬出自
然法的概念，卢梭、穆勒、斯宾塞、边沁和托克维尔的作品在
这些早期民权活动家当中被广为阅读。一些志同道合者组成的
小团体后来转正为"自由党"。大隈等亲英派人士则组建了一
个与之对立的党派"宪政党"。然而，撇开他们对欧洲理论的
兴趣，板垣等活动家从内心深处来看依然是武士，他们从不认
为普罗大众应该直接参政。西方也从来不缺少为上述观点背书
的人。尤利塞斯·辛普森·格兰特（Ulysses S. Grant）*曾高调
造访东京，他就建言日本政府，称过度自由会令其国民难以消
受。而另一位民权活动家心目中的英雄、英国哲学家赫伯特·斯
宾塞早年曾主张人们有权反抗政府压迫，到头来却认为只有绝   43
对王权才适合日本人。

　　实际上，不少人曾尝试投身政治。由于日本国内外盛行日
本人"随大流""缺乏主见""顺从成性"，因而不热衷政治的观点，
这就使得那股曾几何时席卷日本城乡、不分阶层的议政热潮显
得格外耐人寻味。除了连农民也可以建党结社外，明治日本的

---

*　尤利塞斯·辛普森·格兰特（1822—1885），美国第十八任总统。

另一大特色是各种叛乱层出不穷，矛头多对准地方长官和地主，而非中央政府。问题的症结在于专制统治，我们不用读约翰·斯图尔特·穆勒或亚当·斯密的作品，也对专制统治深恶痛绝。至少有一起事例可以说明农民反抗过帝制本身。纵然私有物权是明治改革的核心宗旨之一，政府却决定将长野县农民的土地收归国有，改造为皇家林场。农民为此抵抗了二十五年，他们以法律为武器，据理力争，并于1905年拿到了部分赔偿。他们是幸运的，没有因为煽动叛乱而锒铛入狱。

　　某起最著名的暴动发生在1884年，策源地位于东京西北的秩父郡山区内。"秩父暴动"的根源照例是压在农民身上的苛捐杂税，而政府政策失当起码要为之承担一定责任。在将业余辩护士、自由党的一些干部、义愤填膺的教书匠和个别地痞煽动家推举为代表后，农民建立了"困民党"。他们向官府和郡役所提交请愿书，同债主协商延缓债务偿还，却一次次招致警方的野蛮镇压，终于忍无可忍，手持刀剑、火铳和竹枪，同政府军激战了整整十天，最后无疑还是败下阵来。三百人被囚禁，七人遭处决。

44

　　这些暴动令两大"自由"党派的领导人惶恐不已，继而迅速与自己眼中的"大胆刁民"划清界限。然而这一旗帜鲜明的表态无济于事。由于不断遭受来自政府的滋扰，这两大党势力日衰，人心消沉，并于1884年解散。后虽经历复兴，但声势已大不如前，且改头换面，成了企业利益的吹鼓手：自由党为三井财阀说话，宪政党则代表三菱株式会社。

* * * * *

"文明开化"这句口号向来是文化意味重于政治意味，强调的是气度和外在。然而在日本，外在偏偏又举足轻重。明治时期流传过这样一句嘲讽式民谚："敲敲短发蓬松的天灵盖，文明开化的声音响起来。"似乎某人梳着欧式发型便是其出身显贵的象征。部分明治领导人发自内心地认为，要是打扮成欧洲人的模样，就能说服西方列强放弃不平等条约。

明治时期的启蒙开化运动，既有几分装腔作势，又让人肃然起敬，同时也不乏荒诞色彩。即便是出于为现代化过程披上一层本土论外衣的考虑而去创造、复苏一些远古或近古风俗，人们也在有意识地排斥和湮灭不久前的一段历史。倘若这段历史在西方人眼里显得轻浮佻薄、下里巴人的话，这种意识便分外强烈。举例而言，歌舞伎曾是低俗淫乐区里一道鲜活的风景线，经过改造后，已无伤风化，成了一门越来越死气沉沉的经典传统。1872 年，歌舞伎大家九代目市川团十郎在东京为新剧院揭牌时，没有像过去那样身着华丽和服，而是一套燕尾服，配以白领结。他在演讲中指出："近年来戏剧作品污秽不堪，散发着粗鄙和下作的气息……对此我深感悲哀，在和同事商量过后，我决心清腐去朽。"

歌舞伎原本沾上了江户末年烟柳巷的臭气，就在为其"除臭"的同时，西方戏剧被引入日本，以达到熏陶城市精英的目的。这一领域的先行者之一是川上音二郎，他做过警察，为人激进。1901 年，川上带着妻子贞奴在欧美巡回演出。贞奴本是艺伎，据传做过伊藤博文的小老婆。夫妇俩向如痴如醉的西方观众呈现了并不原汁原味的歌舞伎，回头又向如痴如醉的日本观众呈现了同样不正宗的西方戏剧。有一幕令人记忆犹新：东京的剧院里，饰演哈姆雷特的川上把自行车骑上了舞台。在观众眼中，哈姆雷特和自行车一样，都是新奇、现代的洋玩意儿，因此川上此举并无任何不妥。

　　明治时期的另一大怪现象是民间饕餮食肉之风渐盛，这一举打破了佛教食斋的戒律。彼时的佛教正处于低谷，维新后的最初几年里，神道教狂热教徒四处打砸佛教庙宇，意图涤清日本残存的传统中国文化势力。追本溯源，吃肉的风尚始于福泽谕吉这位明治时期最伟大的知识分子之一。他曾宣称肉食可以强壮日本人的体魄。很快，吃肉就因为其"开民智"的功效而大行其道。

　　一个世纪之后，小说家三岛由纪夫在谈到明治时期的那股假正经之风时，依旧是气不打一处来。针对在公共场合裸体和男女混浴等"粗鄙下作"、叫人难堪的行为制定禁令，背后动机主要是生怕外国人的责难，倒不是国人自己变含蓄了。三岛将明治日本比作"就像因准备接待客人而焦虑的家庭主妇，将普通日用品藏入柜中，脱下平素穿的便装，希望整洁无瑕、一尘不染的理想化家庭生活能让客人开开眼界"。

　　这么说略微有些夸大其词，多数日本人的行为举止并不像舞台上的欧洲人，而且就算是上流社会人士，也只是在公开场合如此为之。不过话说回来，他们还是挺乐在其中的。欧化的惺惺作态发展到高潮时，"文明开化"之风蔚为大观，其典型便是在鹿鸣馆举行的大型舞会。鹿鸣馆的主人是井上馨，他举办舞会的目的是庆贺1885年天皇生日。《菊子夫人》（*Madame Chrysanthème*）的作者法国人皮埃尔·洛蒂（Pierre Loti）是众舞客之一。他的观后感虽显傲慢，但恐怕十分准确。鹿鸣馆的设计出自英国建筑师之手，糅合了维多利亚式、法兰西帝国式和意大利文艺复兴式等几种风格。洛蒂形容鹿鸣馆的外观像法国乡下的温泉疗养院。在他看来，身着燕尾服的日本士绅活像表演杂耍的猴子；而女眷则穿着肥大的荷边鲸骨裙，绸缎裙摆拖在地上；她们倚墙而立，好似色彩斑斓的挂毯。好吧，这还挺"别开生面"的。日本人竭力模仿欧洲人的一颦一笑，男宾们抽着哈瓦那雪茄，玩惠斯特牌；其他人则小口小口品食着宴会桌上堆积如山的松露、果酱和冰激凌雪葩。这边厢法国管弦乐队演奏起歌剧小品，那边厢德国乐队就奏响波尔卡、玛祖卡和华尔兹舞曲。洛蒂写道："那些个一身华服的日本人啊，跳起舞来倒是中规中矩。但能感觉得到，舞步像是强行灌入他们脑子里，所以动起来如同自动人偶般，没有一点儿自主性。要是碰巧没踩准拍子，就得打断他们，从头再来。"

我们很容易和洛蒂一样对这一切哑然失笑，但须知举办舞会的初衷是很严肃的。井上馨在友人伊藤博文的内阁里担任外务卿*，他俩希望迅速实现西化，好让日本与西方列强平起平坐，继而使后者同意放弃不平等条约下享有的特权。而要在外貌上变成现代人——换言之，就是变得西化——最好的办法莫过于

47

---

* 外务卿这一头衔，在1885年12月日本实行内阁制后改称外务大臣。

尽可能接触真正的西方，于是便有了鹿鸣馆。这将是东西方在最高层面上交融杂处的场所，联结二者的纽带是惠斯特牌和马祖卡舞曲。而在批评者看来，伊藤当局不啻为"跳舞内阁"。

当局面逐渐明朗，即西方外交官和文人很乐意前来参加舞会，但并未因为井上馨的热情好客而萌生修改不平等条约的意愿后，这位外务卿头上的光环便黯淡了下来。他的政策声名扫地，到了1889年，鹿鸣馆被转卖给一家私人俱乐部。此时，一场针对西化的全面抵制行动已经展开。可怜鹿鸣馆，今已无处可寻。

＊＊＊＊＊

西化并不只有光鲜外表和政治算计这层内容。一些明治时期的知识分子深入吸收了西方思想，本可以将日本推向一个更加开明自由的方向。福泽谕吉的一生象征着明治文化最可爱的那一面，尽管他也无法免于流俗，沾染上了一些自命不凡的习气。用他自己的话来讲，福泽谕吉的身份是"成为西学东渐的执牛耳者"。为此，他在东京创办了一家书院，也就是后来庆应义塾的前身。他介绍西方世界风土人情的著作十分畅销，以至于此类题材的出版物得名"福泽系列丛书"。本着儒学大师的风范，福泽谕吉试图在生活和著述中给后人树立道德典范。然而，不同于多数儒学学者，他心中的典范是个体主义式的，是那种具有批判眼光、独立于权力之外的思想家形象。福泽谕吉是日本最早出现的独立知识分子之一，这类人至今仍是稀罕

48

物。他的怀疑论思想与新儒家传统格格不入，具有鲜明的反专制特征。他很清楚遭人暗杀"这一令人不悦的可能性"始终存在，也很幸运地躲开了堂弟*的暗算，后者是个容易激动但无疑赤胆忠心的水户学派门生。

　　出生于1835年的福泽谕吉是低级藩士之子，通过"兰学"接触到西学。然而，他惊讶地发现，19世纪60年代期间来到日本的那些洋人对荷兰语居然一窍不通，遂改学英语，跟着外交使团出访欧美，并着手"打开我们这个'闭关锁国'的国家的国门"。他常对同胞失望不已，特别是他们见风使舵的习性，就跟"橡皮玩偶"一样，总是急于巴结权贵。但他从未停止为思想自由"鼓与呼"。1874年，福泽谕吉同森有礼等启蒙知识分子一道，创建了名为"明六社"的学术团体，以鼓励自由公开辩论。他们的观点发表在一份同名刊物上。这些人并非反政府活动家，相反，大多数人都有公职。可好景不长，这种早期的公开政治辩论实践并未持续多久。1875年通过的《谗谤律》49和《新闻纸条例》极大地钳制了言论自由，无奈之下，"明六社"的成员决定停刊。四年后，另一部新法出台，规定公务员、教师、军人、农民和学生不得参加任何形式的政治集会，违者法办，这就使得"明六社"难以为继。自此，不断有日本知识分子从公共事务中抽离出来。于是同诸多德国同行一样，日本知识界不问国事，要么潜心学术研究，要么自我陶冶情操。

　　心灰意冷的福泽谕吉眼看着许诺的自由化为泡影，却决定

---

* 增田宗太郎，出身中津藩的藩士家庭。

不予公开抨击。他在自传里写道："通盘考虑当下情势后，还是在私文里抱怨抱怨罢了。"友人劝他发声，福泽答道："你我都已是不惑之年，应切记这点，莫要去伤害他人。"后世的日本知识分子秉持的也是这种态度，到了 19 世纪 70 年代，知识分子精神已死，除了某些引人瞩目的个案外，直到 1945 年后这种精神才完全复苏。

＊＊＊＊＊

　　纵观福泽谕吉的人生篇章，最奇异、情感上最浓墨重彩的一页出现在他对 1895 年甲午战争的欣喜反应上。中日冲突的根源是争夺对朝鲜的控制权。历史上朝鲜曾依附于中国，但后来分裂为两派，一派亲华，一派亲日。亲日派首领在上海遇刺一事成了战争的导火索。然而，这不仅仅是一场地缘战争，还是两国军事现代化的一场较量。谁拥有最新式的武器、最高效的军队和最先进的战术，谁就会赢得战争。尽管日本在舰船数量和部队人数上处于劣势，但他们才是胜利者。日本战胜中国的消息让福泽谕吉喜出望外，他"甚至难掩兴奋之情，跳了起 50来"。事实上，他有此反应不足为奇。"文明开化"的一个维度就包含对其他亚洲人落后之处的蔑视。福泽谕吉认为汉学已然成为日本社会的一大毒瘤。在他看来，要"入欧"就必先"脱亚"。如果说日本过去是中华文化圈一份子的话，那么如今它应该成为文明西方的一部分。日本在甲午战争中的胜利显示出该国已取得长足"进步"，这不愧为高等文明的一大标志。描绘这场战争的浮世绘作品无一例外地将日本军人塑造成身材高大、皮肤白皙的英雄人物，而对手中国人则是一群猥琐、胆怯、留辫子的亚洲人，似乎日本人突然换了种，变得跟欧洲人种更接近了。

大多数日本人对这场战争都抱有和福泽谕吉相似的爱国主义情怀。能灭一灭中国的威风，意味着日本已跻身强国之林，此外还让日本人有了全新的国家统一观。天皇已随内阁迁至广岛的战争大本营，这也印证了福泽的话："政府和人民精诚合作。"报纸对战争英雄的事迹大加宣传，比如白神源次郎这位传奇号手，被子弹击穿肺部后依然坚持吹响冲锋号。当时的流行歌曲有诸如"炸药之歌"和"支那人"等歌名。

旅居日本的小泉八云（Lafcadio Hearn）尝言："新日本真正的诞生之日，始于战胜中国之时。"人们觉得，这下全世界——其实特指西方世界——肯定会对日本刮目相看。一位著名记者写道："我们不再因为自己是日本人而在世人面前自惭形秽。"这反映出"文明开化"的阴暗面，即认为殖民征服是强盛和现代化的终极标志。明治时代的另一大口号"富国强兵"便由此而来。

尽管不是大多数人，但也有相当一部分明治时代人士继承了诸如本多利明等江户知识分子的思想衣钵。本多坚信，任何大国不可不建帝国。甲午战争的根源是朝鲜的主导权，但战争目的远不止此。尽管忙于"跳舞外交"，外务卿井上馨仍迫切地想在尚未被西方列强占领的亚洲地区建立一个日本帝国。作为亚洲现代化的鼻祖，日本人开始改造落后的朝鲜人；侵占台湾后，又誓将这个战利品打造成文明开化殖民主义的典范。借另一位有着狂热爱国心的日本记者之言，日本终将在"这场伟大而光荣的事业"中与西方列强平分秋色。而那些无法在舞厅和华丽馆舍内通过文化模仿而获得的，就只能依靠铁与血来实现了。日本如今已是一个实实在在的大国，就在日军击溃清军前夕，与西方签订的各项不平等条约就此作废。而既然日本已经证明自己的军力，它就有了将类似不平等条约强加给中国的资本。当年从佩里那里学来的一课最终结出了黑色的果实。

* * * * *

国家统一、为民族存亡而进行的达尔文式抗争、种族活力，这些均是 19 世纪的主旋律。寰宇之内，新国家相继成立，全新的国族认同应运而生。围绕这些话题，各国内部爆发了激烈且具有鲜明国别性的辩论。法国反动势力依旧渴望复辟旧制度（ancien régime），但是共和制的"国族观"已经在法兰西的土壤里生根发芽。决定公民身份的是政治权利，而非族群或信仰。英国公民身份之获得也如出一辙，只不过有别于前者，女王陛下的臣民效忠的是一个捍卫共同信仰的王权。直到 1871 年——也就是明治维新过去仅仅三年后——才实现统一的德国在定义"国族观"时却碰到了难题。许多日耳曼人生活在国境线之外，而国境线以内的德意志邦国还希望保留各自的身份认同。同明治时期的日本一样，德皇威廉治下的德国必须打破采邑割据的封建旧体制，形成中央集

52

权国家。一个德国人之所以认为自己是德国人，靠的是文化和族群凝聚力，而非政治因素；毋宁说，靠的是德国文化（Kultur）、音乐、诗歌和种族，而非公民身份。只要你讲德语，有德国血统，那么你就是德国人。由于德国的政治体制脆弱不堪，且1848年那场革命仍历历在目，俾斯麦和普鲁士王公贵戚对党派政治戒心甚重。在他们看来，党派政治家都是"自私鬼"，而自由派则是潜在的卖国贼。在普鲁士皇帝的统治下，国家统一有赖于军事纪律，有赖于鼓吹民族精髓和德意志精神的文化宣传。强大的国力，一靠钢铁铸就，二靠鲜血浇灌。

　　尽管内部存在异议，明治寡头还是选择走德国道路。这部分是缘于寡头的武士出身。对这些藩阀而言，政治自由主义或共和思想都是异端。他们清楚一部宪法和表面上的政治代议制是现代国家不可或缺的"门面"，但也力图解决一个如今依旧 ₅₃ 困扰许多伊斯兰国家的难题：既想迈向现代，又不愿冷落传统。这一点通过将德国信条嫁接在日本神话之上得到了实现。寡头们信奉军事纪律、神秘君主专制思想和鼓吹民族精髓的"鲜血加国土"的政治宣传。在国家新秩序的构建者当中，论影响力，最大的还不是伊藤博文，哪怕他仪态神似俾斯麦，也不是井上馨这位翩翩舞者，而是伊藤的老战友山县有朋。山县认为，有两件事对民族存亡至关重要，一是武备，二是教育。他所崇尚的那种教育以培养忠诚、纪律和服从为己任，旨在湮灭"自私自利的"个人主义思想。

山县大将生于 1838 年 *，和伊藤一样是长州藩人，父亲是底层武士。他同伊藤还有一个共同点：也曾师从吉田松阴这位曾恳请佩里带他去美国的狂热民族主义者。但是，与为人和蔼的伊藤不同，山县总是一脸严肃，不苟言笑，把纪律看得比什么都重。出身行伍的他在 19 世纪 80 年代担任内务大臣，90 年代又两次担任首相，为日本的制度打上了自己的烙印。说到军人官僚，山县便是典型，后世还会不断涌现出类似的人物。

但若因此视山县为反动派，实乃大谬不然。他并不留恋江户幕府那段岁月，相反，他对日本转型成为现代化大国持欢迎态度。山县也不反对借鉴西方思想，同老师吉田松阴一样，他也渴望以别国为师，并在维新后一年里周游欧洲，甚至还聘请德国法学家起草日本法律。可是，对于开放国门、接受新兴事物影响的后果，山县向来心知肚明。接触新观念很容易让人民感到"惶惑"，并催生他们的叛逆心理。日本不能容许西方影响削弱传统价值观。山县任内务大臣期间恰逢民权运动煽动大众起事作乱。他因此要求伊藤——后者于 19 世纪 80 年代初任首相——制定更为严苛的法律"对付政党"，不然的话，"维护我们帝国独立自主的目标"便无从谈起。

山县得偿所愿，限制性的律法的确束缚住了政党政治，但是他最重要的一笔遗产乃是奠定了帝国军队的根基。在一个携带武器属于武人特权的国度推行义务兵役制，这一安排可谓具有革命性的意义。曾几何时，日本人中间只有武士才有资格佩

54

---

* 原书误植为 1839 年。——编注

剑（且有资格行切腹之仪），而且他们效忠的对象是各个藩的大名，并非中央政府。因此，许多原藩士会抵制这一激进的革新举措便不足为奇。但山县不这么想，他在这方面崇尚革故鼎新。自 1873 年起，所有身体健全的日本男子必须在军中服役三年，在预备役服役四年，而这也是他们当中多数人对西化的最初体验。身着西式军装、住西式兵营、学习西方军事科技，这些不算，不少人还学会了读书写字。至于读什么，多半是民族主义宣传。对于明治日本的多数青年而言，接触现代性的渠道不是福泽谕吉的庆应义塾，也不是追求自由言论的社团，而是军队。

尽管现代技术和西方做派逐渐为上百万日本人所熟知，旧的武士道德观依然在明治社会各阶层大行其道。这是一项有意为之的政策。在山县等志同道合的军人看来，义务兵组成的部队不仅是抵御外敌入侵的中坚力量，还是团结国民的最佳渠道。国民一心则袍泽一心，国民教育即军事教育。武士律条被推向全国。一身戎装的天皇四处巡幸，尽忠勇、尊君王成了最高形式的爱国主义精神。

1882 年，天皇颁布《军人敕谕》，起草者是山县有朋。这是近代日本史上最具影响力的文件之一，明确了每一名日本陆海军军人的职责，并要求他们对之烂熟于胸。他们绝对效忠的对象唯有天皇一人："朕是尔等军人的大元帅，朕赖尔等为股肱，尔等仰朕为头首，其亲特深。"天皇的军人要做到不问政治，不质疑政令，甚至连私下表达看法也不行。山县这么做的目的是实现军政分离，使军人超脱于俗世，唯一能左右其意志的只

55

有天皇圣谕。他认为如此一来便可避免哗变。半个世纪后，这一设计的内在缺陷将大白于天下，因为其实际效果往往同设想的情况截然相反。如果当兵的以服从神圣天皇为唯一天职的话，那么违抗那些被认为逆天皇旨意而行的文官领导人，就自然是顺理成章的了。1936年，满怀一腔法西斯"热血"的年轻军官为了体现自己"尽忠尽节"，四处杀害内阁大臣时，心里就是这么想的。

天皇崇拜乃山县提出的新秩序支柱之一，它被形容为一项源远流长的义务，与日本人的精神气质密不可分，象征日本文化的精髓，最早可追溯至神道教诸神诞生之初。实际上，天皇崇拜和威廉德国创造的哥特信仰一样名不副实。如同德国浪漫的中世纪精神，它必定要从过去汲取养分，可是滥觞于明治时期的天皇崇拜实际上与山县有朋的义务兵役制一样是新兴事物。日本人过去从未视天皇为最高神明，对其顶礼膜拜。直到江户末期，天皇一直身居京都，寄情于诗画文墨，充当日本风俗和道德的精神守护者。神道教既不是国教，也不是偶像崇拜，而是一门集万物有灵仪式和季节性祭祀于一体的松散信仰，以大自然、丰饶土地和孕育日本的诸神为歌颂对象。可到了明治年间，神道教逐渐向国家神道靠拢，变得面目全非。山县等明治藩阀为文化和宗教覆上了一层政治色彩，与此同时"阉割"了世俗政治制度。尽管日本有宪法，但其立国根基并不仰赖政治权利，而取决于对天皇制度的宗教崇拜以及通过国家神道灌输的日本起源论。

1890年颁布的《教育敕语》——当时山县仍任首相——

56

告诫日本人应顺服于天皇及其神圣祖先。该文称，臣民克忠克孝，此乃我"国体之精华"，也是"教育之渊源"。这不啻为对福泽谕吉等人所推崇的西化路线一记当头棒喝。保守派坚信，西化进程已走得太远，危及到了帝国的道德根基。

这一观念其实具有浓厚的儒家色彩。尽管日本人大张旗鼓地摈除来自中国的影响，满嘴尽是些"深邃日本性"的玄奥话语，但是官方的思维方式依旧带有新儒家的深刻烙印。通过道德说教和强制思想同化来起到控制广大民众的目的，从根源上来看，就是中国式的做法。宪法也许赋予了日本人宗教自由，但实际上人们鲜有发表异议的空间，因为"权力就是真理"的格局依旧如故。除了佛教徒外，日本的基督徒也结结实实遭受了本土论宣传的戕害。起初他们还见容于社会，最知名的一批明治知识分子当中有不少都是基督徒。但《教育敕语》颁布后，他们的日子越来越难过，因为你不能同时膜拜两个神。明治时期，一位大名鼎鼎的教授表示，日本基督徒要是想被纳入国家道统的话，就必须铲除基督教，主权在日本只能掌握在一位"民族之父"手里。

天皇陛下同时还是军队首领，这一安排本身就同日本传统相距十万八千里。不仅如此，他贵为"民族之父"这一点——乃至"国族"观念——都让人联想起近代德国的族群民族主义论，此外还掺杂了19世纪中叶水户学派的本土论主张。鉴于此，若认为山县有朋对"文明开化"的威权式反击斩断了现代性或西化进程的话，那就大错特错了。他也从西方有所借鉴，只不过借鉴的东西具有高度反自由的特点。这种教育制度下培养出

57

来的日本人和福泽谕吉心目中的理想国民形象相去甚远。日本的军政走进军营，也走进学校，它一心培养的是训练有素且根本不具备自我思考能力的随大流者，而不是崇尚怀疑论的个人主义者。

* * * * *

明治军国主义发展到鼎盛的产物是残酷的日俄战争。1904年，日军以类似后来发动珍珠港事件的方式，偷袭俄国舰队，由此拉开了战争的序幕。这时候的日本人心里依旧愤愤不平，因为西方列强逼迫他们将1895年甲午战争后获得的部分战利品拱手送人，这其中包括满洲*境内的辽东半岛南部，原本计划割让给日本，后被转租给俄国。西方列强那时正在瓜分中国：德国占领山东；法国盘踞广东；英国则在沿海设立一系列通商口岸；美国也在亚太地区扩张其帝国版图；俄国拿到了修建满洲铁路†的特权，并向朝鲜北部渗透。日本视朝鲜为其地盘，因此有充分理由认为自己遭到了排挤。

唯一让日本人感到些许慰藉的是1902年签订的《英日同盟条约》。尽管日本人言必称德国，但德皇威廉二世压根瞧不起日本人，还常告诫沙皇要提防"黄祸"。俄国人对日本人想

---

* 本书中的"满洲"一般是指中国东北地区；"满洲国"则是指日本侵占中国东北后扶植的傀儡伪政权——伪满洲国。——编注
† 满洲铁路系俄方定名，清政府定名为"大清东省铁路"，简称"东清铁路"，即日后的"中东路"。——编注

要重新分割东北亚利益的要求置之不理，于是日本海军在东乡平八郎大将的带领下先发制人，先是攻击旅顺港，接着在对马海峡大败俄军。自此，强大的俄国波罗的海舰队几乎全军覆没。同四十年后的美国人一样，俄国人被打了个措手不及。他们没预料到日本人敢于向一个西方大国率先发难。这样的事前所未闻，至少在成吉思汗西征后便再无他例。不过也有唱反调的，英国媒体就对"勇敢的小日本"不吝溢美之词。

　　战事开启一年来，成千上万的日本人和俄国人在有史以来最为血腥的那些战斗中魂断沙场。日俄战争可以算得上是第 59 一次世界大战的某种预先彩排。甲午战争中勇敢的司号员和五彩斑斓的战旗已经不见了踪影，这一回，两个大国的军队在铁丝网后的战壕里互相厮杀。为了在浸透雨水而泥泞的战场上推进区区几码，数以千计的士兵前赴后继，不是踩进雷区，就是倒在机枪火力之下。在旅顺口，乃木希典大将的军队共伤亡五万八千人，战死者中还包括他的儿子。但是乃木这座明治爱国主义精神的丰碑却声称儿子的死只会让他倍感家门荣幸。在奉天之战中，俄国和日本的战损比为八万五千对七万。付出了如此惨重的代价后，日本人总算获得了满洲铁路的特权以及辽东半岛的租约。一些外国人作为观察员直击了这场惨烈的战争，其中有一位名叫道格拉斯·麦克阿瑟（Douglas MacArthur）的年轻美军中尉。

　　虽然打了胜仗，但东京民众的情绪远没有 1895 年甲午战争胜利时来得那么高涨，或许是因为这一仗死了太多的人。战争歌曲一点也不激昂，而是充满伤感。要不是远在纽约的犹太银行家雅各布·希夫（Jacob Schiff）对俄国的排犹暴行义愤填膺，下决心对日本施以援手的话，日本就要破产了。被俘的俄国官兵向日军介绍了一些反犹作品，大谈"锡安长老会"（Elders of Zion）如何具有通天的本事。而希夫拯救日本于水火也令日本人对这种说法信以为真。很明显，希夫也是暗中控制世界的犹太人之一：这又是从西方那里学来的错误一课。民众的戾气曾一度变得一发不可收拾，暴露出丑陋面目。由于俄国未被勒令支付战争赔款，东京爆发了骚乱，参与者中除了怒火中烧的民族主义者外，还有民权运动的成员。新一代日本人成长于狂躁沙文主义和好战思想甚嚣尘上的年代，较少受到维新早期那种理想主义的浸淫。随着这批人走向前台，寡头们逐渐退出历史舞台。向来赞成强军而不是培养军国思想的山县有朋对此忧心忡忡，担心日后的战争将演变为东西方之间的种族战争。

* * * * *

夏目漱石是他那个年代最出色的小说家，他曾沉重地警告称，日本尝试消化西方文明的速度过快，将面临一场集体精神崩溃。夏目漱石和福泽谕吉均代表明治时代最可爱的一面。他是一个真正实现了"文明开化"的人，不仅通晓中日双语，还深谙欧洲文学文化，这番修为不仅在当时少有，就是放到现在也是实属罕见。夏目是个富有人文精神、具有独立思想，但内心又十分矛盾的作家。《心》这部或许称得上是他代表作的小说就反映了上述所有特点。小说讲述的是发生在一名学生和老学究之间的故事。学生管老师叫"sensei"，也就是日语里的老师之意。师徒属于不同的两代人，各自的成长环境和年代在他们中间划下了一道鸿沟。老师因为对挚友年轻时自杀一事有负罪感，内心一直备受煎熬。同时他还要忍受一种疏离感，因为自己是时代的落伍者。1912 年夏，明治天皇驾崩后，夏目觉得属于自己的时代也随之远去了。他在报上读到日俄战争的英雄乃木希典大将在天皇去世当天自杀。这种追随主公而去的做法，早在一个世纪前就已显过时。故事里的老师也决定自杀。

撇开切腹自杀这一老掉牙的形式，乃木希典大将其实同福泽谕吉、伊藤博文、山县有朋和夏目漱石一样具有鲜明的明治时代风范。如同《心》里的老师一角，乃木这个人也背负着耻感。1877 年，在镇压西乡隆盛麾下萨摩武士挑起的西南战争中，乃木作为政府军的指挥官，竟然将联队旗给弄丢了。当时他本想一死了之，以洗刷耻辱，却活了下来，日后还参加了甲午战争，并在日俄战争中一举奠定了自己传奇将领的地位。他的两个儿子都在日俄战争中阵亡，但丧子之痛并没有令乃木动摇。在次子也战死沙场后，他曾说过"为天皇捐躯乃吾之荣幸"这样的话。

如其所言，他的确"捐躯"了，这么做既出于爱国心，也可能出于对亡子的歉疚。天皇大殓当天，乃木赋诗一首，在赞美富士山之余，也表达了希望日本缅怀那些为天皇殉死的英烈愿望。他的夫人换上一身黑色和服，而乃木则脱得只剩下白色内衣。在向已故天皇和两个儿子的遗像鞠躬后，乃木将一柄匕首扎入夫人的脖颈，成全了她，随后又像武士那样，持短剑切腹自尽。正如先前所言，这种死法哪怕在当时看来也已显得老套，但是乃木大将及夫人作为理想行为的楷模，为后世树立了榜样，其性质堪比福泽谕吉和他的自由思想，甚至有过之而无不及。鲜有人能做到像乃木夫妇那般忠直刚烈，但跃跃欲试者还是多如牛毛，结局往往以荒诞收场，最终还会酿成惨剧。

　　每张一万日元纸币上都印有福泽谕吉的头像，一千元面值的则是夏目漱石。要是把乃木将军的肖像也印在钞票上，让他知道了怕是会惶恐不已。但是他并没有被人遗忘，时至今日，仍有人铭记缅怀他。乃木家的老宅依然矗立在东京，一旁是供奉这位将军灵位的神龛。纪念乃木的公祭每年举行两次，分别是他忌日前夕和当天。公众受邀沿着一条小径盘旋而上，参观乃木家的旧宅，要是观者留心某扇窗户背后的话，还能辨认出一件血迹斑斑的内衣，它的主人被唤作"最后的武士"。

第三章

色情的、猎奇的、无意义的

1920 年是许多日本人眼中的黄金年代。第一次世界大战发生在遥远的世界另一端，这场他国之间的纷争于日本而言是一桩幸事。趁着欧洲列强在战争中靡耗资源，数百万青年血洒疆场，日本人造船，出口纺织品，制造工业机械和铁路车辆，并为欧洲人供应军需物资。待战争结束时，日本经济已是一片欣欣向荣，不仅诞生了三菱、住友等大型财阀中的翘楚，同时也涌现出不计其数、处在工业金字塔底端的小型工坊。"锦上添花"的是，日本还收获了部分战利品。加入协约国后，日本攫取了德国在中国和南太平洋的殖民地，帝国版图得以扩张。

明治末年的专制气息现已消散，大正天皇嘉仁为人愚钝，哪怕只是充当摆设，身上也缺少他父亲那种威严感。一次，这个可怜人被请去出席国会，据传他抄起一份文件，卷了卷，当成望远镜用。自此他便极少出现在公众场合。（其子裕仁于1922 年走上前台，开始摄政。）明治时期的元老们不是已经故去，就是上了年纪，无法再施展权威。日本首相头一回由有党派政治家、而非旧官僚担任。

日本帝国内部当然也并非太平无事。1919 年 3 月，朝鲜人起事，反抗将他们视为二等公民的强制同化政策。1905 年的日俄战争后，朝鲜沦为日本卵翼之下的保护国，并于 1910 年被日吞并。部分朝鲜精英对此持欢迎态度，与日本人沆瀣一气，但多数朝鲜人，尤其是大学生，认为日本文化还没朝鲜发达，对日本官员骑在他们头上作威作福强烈不满。数以千计的人聚集在汉城市中心的塔谷公园，宣布独立。来自各阶层的约五十万朝鲜人走上街头，声援起义。手持军刀和步枪的日本宪兵扑向人群。起义被镇压了，至少七千名示威者遇害，其中不少是学生。这起大屠杀震惊世界，以至于连日本政府都承认事态严重。

是年，中国爆发了抗议日本继承德国在华权益的"五四运动"，这既是一场反日运动，同时矛头也对准腐朽的北洋政府。那时日本国内也不太平，战后的通货膨胀和短期萧条导致乡村地区贫困交加，失业率高企。1918 年 8 月，日本国内暴民四处纵火，遭殃的不仅有警察局、店铺和有钱人的家，奇怪的是，东京市内一些昂贵的妓院也被一把火烧了。暴乱的起因是抗议高昂的米价。然而，这依旧是一个令人乐观的信号：日本人认为自己有公开批评政府的自由。20 世纪 20 年代初，各种运动风起云涌：有提倡普选的，有呼吁解放社会被歧视群体的，有鼓吹女权的。总而言之，那是一个属于年轻人的时代。

＊＊＊＊＊

　　东京的银座区素有"文明开化"之欧化重镇的美名，自明治末期乱世以来已经发生了天翻地覆的变化。小伙子留着长发，戴着"劳埃德"式（源自哈罗德·劳埃德［Harold Lloyd］＊）眼镜，穿着喇叭裤和花衬衫，扎着松松垮垮的领带。他们和梳着蘑菇头的姑娘徜徉在栽有垂柳的大街上。血气方刚的青年聚在"牛奶铺"†里讨论德国哲学或俄国小说，由此得名"马克思少男少女"‡。几年后，时髦青年又有了新名字，男的叫"摩登男孩"（モボ，modern boys 的缩写），他们那些摩登范儿十足的女伴（flapper）§则叫"摩登女孩"（モガ，modern girls 的缩写）。除了"牛奶铺"外，银座还遍布着德式啤酒屋和巴黎街头那种咖啡馆，只需略加打赏，里面的女招待并不介意出卖色相。店外挂着诸如"老虎咖啡厅"和"雄狮啤酒屋"的招牌，老主顾里不乏新闻记者。同咖啡厅女招待一样，他们也是大众传媒和娱乐新时代的一道风景线。一路沿街而上，在 1905 年爆发大骚乱的日比谷公园附近，弗兰克·劳埃德·赖特（Frank

67

＊　哈罗德·劳埃德（1893—1971），美国演员、导演、制片人。

†　作者误植为 milk bars，应为 milk halls。明治、大正年间，日本政府为改善人民的体质，推广牛奶的饮用，于各街道尤其是学生聚集的街区及车站广设小间的饮食店。以便宜的价格提供牛奶、咖啡、蜂蜜蛋糕等轻食，也提供报纸、杂志阅览。——编注

‡　昭和初期的流行语，应为"马克思少年"（Marx boy）与"恩格斯少女"（Engels girl）。——编注

§　Flapper 特指 20 世纪 20 年代的一批年轻西方女性，她们打扮入时，标配是短裙、蘑菇头。她们热衷爵士乐，并表现出对合理社会行为的蔑视。

Lloyd Wright）*设计的帝国酒店正拔地而起。落成后，这里将
是人们喝茶和品尝时髦的"卓别林太妃糖"的地方。

电车驶向银座东部，就来到了浅草。这儿是大众娱乐的
中心，艺术装饰风格的影院里播放最新的好莱坞大片，"剧院"
里歌女站成一排，胴体半裸，表演高踢腿。1921 年†，有些人兴
许看过《蛇性之淫》这部影片，导演是好莱坞学成归来的托马
斯·栗原（Thomas Kurihara）‡。同样有好莱坞背景的默片导演
弗兰克·德永（Frank Tokunaga）§ 则坚持和摄制组只说英语，
致使其工作室多此一举地请来翻译，徒增开支。以坂本龙马等
江户时代剑客为题材的武侠片海报无处不在。除此之外，卡巴
莱歌舞表演，连环画说书，西式、中式和日式餐厅应有尽有，
甚至还能听到真正的歌剧。某位旅英意大利人向东京市民展现
了威尔第作品之美。

大正年间，东京洋溢着一种轻佻间或虚无的享乐主义
精神，让人不禁联想起魏玛时期的柏林。由之而生的文化
被概括为"エロ"（ero），"グロ"（guro），"ナンセンス"
（nansensu）。"エロ"指代英语单词 erotic（色情的），"グ
ロ"指代 grotesque（猎奇的），而"ナンセンス"的意思
再清楚不过了，就是 nonsense（无意义的）。从某些方面来
看，东京与柏林的相似之处绝非无心插柳的结果。画家和漫

68

---

* 弗兰克·劳埃德·赖特（1867—1959），美国著名建筑师。
† 原书误植为 1920 年。——编注
‡ 即日本演员栗原喜三郎（1885—1926）。
§ 本名为德永文六（1987—1967）。——编注

画家刻意模仿乔治·格罗兹（George Grosz）*的风格；"新型戏剧"的导演除了推出豪普特曼（Hauptmann）†和梅特林克（Maeterlinck）‡的剧目外，还研究马克斯·莱因哈特（Max Reinhardt）§和斯坦尼斯拉夫斯基（Stanislavsky）¶的作品。达达主义、表现主义、立方主义、建构主义、"新觉醒"，所有这些元素都曾在日本流行过一阵——实际上还不止"一阵"，因为潮流在日本的生命力通常要比在其发源地长久得多。小说家也把目光投向欧洲。谷崎润一郎沿袭了19世纪末法国颓废派的文风，这一时期的佳作之一、衣笠贞之助拍摄的《疯狂的一页》（'狂つた一頁'，1926年）就受到影片《卡里加里博士》（*The Cabinet of Dr. Caligari*）**的巨大影响。在《疯狂的一页》问世前几年，衣笠还执导过一部平淡无奇的故事片，并在其中饰演一位穿和服的女人，脚蹬厚重的雨靴，以应付露天拍摄的情况——追求逼真写实的戏剧风格很晚才传到日本，电影也不例外。大正年间，政坛波诡云谲，跌宕起伏，这一时期也刮起一股艺术表现和反思之风。个人主义发展到了孤芳自赏的程度，

---

* 乔治·格罗兹（1893—1959），德国画家，新客观现实派大师。

† 戈哈特·豪普特曼（1862—1946），德国剧作家、诗人。

‡ 莫里斯·梅特林克（1862—1949），比利时剧作家、诗人、散文家。

§ 莱因哈特（1873—1943），奥地利导演、演员、戏剧活动家。

¶ 斯坦尼斯拉夫斯基（1863—1938），沙俄/苏联杰出的戏剧大师，系统总结"体验派"戏剧理论，强调现实主义原则，主张演员要沉浸在角色的情感之中。

** 《卡里加里博士》是由罗伯特·威恩（Robert Wiene）执导的惊悚片，是德国表现主义电影的里程碑之作。影片通过一个精神病患者梦魇般的回忆，叙述了身兼心理学博士和杀人狂双重身份的卡里加里的生活。该片是早期电影向艺术迈进的一大标志，并对其他艺术产生广泛的影响。

记录作者点滴心绪、被称作"私小说"的日记体文学红极一时。艺术家们已经全然抛却明治时期的一腔理想主义热血，一心探索浪漫爱情和黑暗情欲的极限。

精英学府的学生同样也对新思潮如饥似渴。他们的穿着打扮酷似坂本龙马，不修边幅、散漫不羁，还喜欢把"流氓无产者""布尔乔亚自由主义"等字眼挂在嘴边。学生们对"笛康叔"（DeKanSho）兴趣盎然，"笛"、"康"和"叔"三个字分别代表笛卡尔、康德和叔本华。有钱人家的大家闺秀不甘心只学习如何料理家务，于是到了1918年，东京诞生了第一所女子大学。就连军人也感受到了大正早期的缕缕清风。陆军大臣田中义一就担心部队"变得张狂而叛逆"，某位司令官还曾抱怨道，"由于大众知识水平和社会教育的进步"，他再也无法指望部下不假思索地执行命令了。

* * * * *

那么问题出在哪儿呢？这种无拘无束的日本"魏玛精神"怎么到了1932年前后就一蹶不振（虽说并未销声匿迹）了呢？想知道答案，就务必要分析日本朝野和军部的权力格局。不仅如此，还要检视日本政治叛乱的本质。早在1905年，这一问题就初露端倪，那时，标志日俄战争结束的《朴次茅斯条约》（Treaty of Portsmouth）引发了暴动。乍一看，示威抗议纯粹是一项侵略主义行径。报章言辞激烈地抨击这一条约，纷纷发表社论称其太便宜俄国人了。然而，比之更凶狂的是9月5日当天冲击警察路障、殴打拦路警员、啸聚日比谷公园的暴民。伴着铜管乐队演奏的军队进行曲，他们高喊口号："仗要接着打下去！"人们唱起国歌，高呼"天皇万岁""皇军威武"，随后向皇宫进发，并与那里的警察发生了冲突。

　　东京的暴乱持续数日，造成多达一千人伤亡。十三座基督教堂遭受打砸抢，其中一座位于浅草，其神甫很不明智地宣称俄国之所以占了便宜，是因为它是个基督教国家。政府大楼和警察岗亭一片狼藉，首都的局势一度面临失控。然而，这一切背后还不止是对外侵略主义在作祟，因为暴乱的领头人并不全是右翼好战派，还包括民权运动在内的老面孔和倡导普选的人士。某人还给驻扎满洲的关东军发去一封电报，恳请部队予以敌人致命一击，同时向枢密院请愿，要求撕毁《朴次茅斯条约》。

　　实际上，这些行为同 1919 年抗议政府听任日本强占德国在华殖民地的中国青年几乎如出一辙。当政府统治缺乏民意基础，甚至未获民众许可时，造反的某种形式就是力争比当政者更加民族主义。当政者要是卖国贼的话，就理应被推翻。这种情况在东亚一再上演，周而复始，于自由民主无益。与此同时这也显示出，对内的政治权利诉求与对外的帝国主义主张完全可以和谐共存，并行不悖。但这种戏码当事双方都可以玩；官方也可以将民族主义情绪的祸水引到自由派头上，他们也的确经常为之。

　　即便如此，议会制民主似乎在大正初期尚有一线生机。1918 年的"米骚动"为首个由下院议员兼民选政治家原敬组成的内阁奠定了基础。民众之所以抗议《朴次茅斯条约》，不仅是为了逼迫俄国做出更大让步。同理，暴动当然也不单单涉及米价。对于所有那些自感被新工业时代所抛弃的人，这给了他们发泄胸中愤懑的机会。这一群体包括建筑工人、人力车夫、农民、小店主和"部落民"（意指被社会排斥遗弃的人）。虽然1900 年颁布的法律助其摆脱了社会枷锁，但他们仍旧备受歧视。官方试图通过谴责那些因为暴动而遭到驱逐的人来操纵大众偏见，但并不起什么作用。相反，名誉扫地的首相只好辞职。 71

原敬具有高超的政治手腕，但也不得不想办法兼顾所属政党"立宪政友会"（简称"政友会"）的利益和掌握日本政坛真正权力的那些机构的利益：比如由退役军人、旧廷臣和保守派官僚组成的贵族院（上院）；再比如天皇的智囊团，即决定国家大事的枢密院；又比如身为现役军人的陆、海军大臣。藩阀依旧活跃，他们长袖善舞，像一群高级士绅俱乐部里的理事那样把持着上述组织。山县有朋和伊藤博文等人的声望足以维持其运转。有矛盾可以摆平，面子上挂得住，又不伤和气，心腹得到推举，利益之争则在秘密会议和君子协定中迎刃而解。所有这一切都发生在天皇旨意这道帷幕之后。可是，藩阀们死的死，老的老，待他们谢幕后，日本政坛便陷入了一场不同机构之间不间断的混战，没有哪方可以独占鳌头。天皇旨意只是一道掩盖"群雄并争"的幌子，这种情况到了大正天皇及其子裕仁在位期间变得尤为突出。

原敬为扩张议会权力和壮大党派政治所采用的策略与 20世纪 50 年代以来确保自民党执政地位基本不动摇采取的那种手段别无二致。他在之前几届内阁中担任过内务大臣，通过编织一张流淌着政治献金的关系网，笼络了一批地方上的地主、商人和实业家。就这样，铁路、桥梁、公路和新厂房如雨后春笋般冒了出来。在条件优厚的协议和巨大回扣面前，官僚投身原敬的政党机器着实有利可图。这一安排在一定程度上获得了成功，但当原敬升任首相后，针对官场腐败的批评遭到了严酷的打压。成立于 1911 年的"特别高等警察课"（特高课）将作家和"危险"书籍出版商列为缉拿对象。"危险"当然是一个弹性很大的概念，任何形式的社会主义思想一般都可归入"危险"范畴。

　　原敬绝对算不上激进派，在推动男性普选权一事上他鲜有建树。他能当上首相，端赖当初傍上了山县有朋这位元老级大靠山。即便如此，对于一些人而言，原敬的做法还是太过激进了。他因为同意与美、英、法三国签署条约，限制日本海军扩军计划[*]，得罪了海军高层。鉴于此，原敬在 1921 年遭暗杀就当真不足为奇了。杀他的依然是那些赤诚狂徒中的一员，他们对扑灭日本民主制的希望"功不可没"。

　　同多数西方国家一样，那时的民主即便在日本自由派眼中也仍是一个相对意义上的概念。在推动男性普选和立宪政府一事上，吉野作造当属最积极的人之一。吉野毕业于东京帝国大学法律系，这所顶尖学府是孕育官僚精英的知识殿堂，在战后

---

*　这里为作者笔误，事实上，1921 年 11 月召开的华盛顿会议中，日本先与美、英、法三国签署了《关于太平洋岛屿属地和领地的条约》（又称《四国公约》）。隔年签订的《五国关于限制海军军备条约》（又称《华盛顿海军条约》）则包括美、英、日、法、意五国。——编注

更名为东京大学，并沿用至今。吉野本可加入那些行事诡秘的小团体，借天皇之名统辖日本，但他没有这么做，而是效仿前辈福泽谕吉，选择了一条最难能可贵、最岌岌可危且最危机四伏的道路：成为一名独立知识分子。同许多东亚地区的自由派活动家一样，吉野也是基督徒。

　　1905 年，也就是毕业后一年，吉野开始著书立说，批判专制政府和"军国化帝国主义"。尽管他不认可日本已准备好接受美式民主，却老爱引用林肯的《葛底斯堡演说》（ Gettysburg Address ）。吉野表示，要想成为一个有头有脸的大国，参与国际竞争，唯有通过立宪政府以及他所谓的"以民为本的民主"方能实现。与一些基督徒不同，他完全拥护对俄作战，因为俄国在他看来是个封建的专制王权国家，而日本则是朝鲜和满洲天然的主人。但既然人们被呼吁为国征战——也就常常为国捐躯——他们自然对谁来管理国家享有发言权。这也构成了后人口中"大正民主"的根基。人们谈及这一时期，有的无比留恋，有的万分厌恶。

　　吉野是个心胸豁达的改革派，这一类别在日本政坛常被人踩在脚下。他信奉社会主义，却又不是革命党——日本官方总是罔顾这一区别。他时而认为天皇制度的神秘色彩终将褪色，尽管还不到时候；时而认为朝鲜人会获得真正的自主权，却无法享有绝对主权；时而又认为中、朝、日三国人民应携起手来，共同对抗军国主义和资本主义剥削。他希望对几乎毫无制约的枢密院加以钳制，要是可能的话，最好是撤销这一机构。在当时，吉野算得上是最前卫的民主派了，但他从未带头参与暴力游行，而这仍是普罗大众倾吐不满情绪的唯一渠道。

　　吉野为自由派刊物撰稿，到处演讲，在东京帝大任教，负笈海外，曾在《朝日新闻》担任记者，甚至还依照明治初期辩论社的传统，创办了"新人会"。这是一个供聪慧的"马克思少年"议论社会和时事的非正式社团。吉野在中国做过一段时间老师，并在日本媒体上发表过积极评价 1919 年"五四运动"的文章。1916 年他访问朝鲜，亲眼目睹日本拓殖当局的残暴，也看清了他们想要将朝鲜人归化为日本人的努力纯属徒劳无功。官方那套朝鲜人和日本人同文同种的宣传，由于含有对朝鲜人正式或非正式的歧视而受到了致命的破坏。他告诉日本读者，朝鲜人的身份和反日是画等号的。很不幸，这句话在一个世纪后的许多朝鲜人（韩国人）身上依旧适用。吉野坚称，发生在 1919 年的朝鲜起义是"大正时期的一块污点"。类似暴乱必须弹压，这自不必说，但是他也发出了应善待朝鲜人的疾呼。这样说来，吉野虽是个死硬的帝国主义者，但同时也不乏人文关怀。他的观念既反映出大正时代自由主义思潮的光辉，也衬托出其局限性。要是连像吉野这样的自由派都对日本鱼肉邻国一事并无根本性异议的话，我们就不难理解为何日本后来会踏上一条比这危险得多的军事冒险之路。

　　日本人对朝鲜人犯下的某起最惨绝人寰的暴行，发生在 1923 年关东大地震重创东京和横滨之后。大约午饭时间，整座城市开始剧烈晃动。几小时后，东京陷入一片火海。一时流言四起，传播速度同火势一样迅猛，说是外国人在用一台地震制造仪加害日本，朝鲜人则正往井里投毒。由于那时外国在日

侨民寥寥无几，人们对"外国佬"无计可施，暴民就四处残杀
朝鲜人以泄愤。一些人被淹死在隅田川，另一些在燃着余烬的
断壁残垣之间被踢打至死。有人挺身而出，保护朝鲜人，此人
便是吉野作造，他还竭力想要修正被官方低估的朝鲜死难者人
数。他得出的结论是将近两千人罹难。

　　1923 年，那些为自由"鼓与呼"的人依然存有一线希望。
两年后，以加藤高明为首的内阁总算通过《普选法》，规定所
有二十五岁以上、有稳定收入的男子拥有选举权。加藤富有而
亲英，处处模仿英国上流社会的习气。考虑到仅仅一个世纪前
日本所处的国际地位以及当时亚洲其他国家的情形，《普选法》
的出台可谓一项了不起的成就。但似乎每往前迈出一步，就要
立刻再倒退一步才行。一周后，《治安维持法》规定任何旨在
变更"国体"的有组织行为都属违法。这意味着，共产党或激
进社会主义者可能面临长达十年的牢狱之灾。

　　加藤翌年去世，耐人寻味的是，他是自然死亡。在经历一
位将军 * 主政的一小段插曲后，政府大权落到一位比加藤更有
意思的政治家手中。此人名叫滨口雄幸，是"立宪民政党"（简
称"民政党"）党魁。他有很多宏伟的计划，比如在地方选举
中赋予妇女投票权、改革劳资关系、同中国改善关系。1930 年，
滨口在伦敦签署了一份海军条约，进一步限制日本海军扩充军
备 †。此事后果很严重，海军军令部总长火冒三丈，一介政客竟

---

* 　这是指陆军大将田中义一。加藤高明去世后，由内务大臣若槻礼次郎接任首相一职。
　　1927 年若槻内阁总辞，由当时政友会的党魁田中义一接任。——编注
† 　1930 年 4 月 22 日，英国、美国、日本、意大利、法国召开伦敦海军军备会议，签
　　订《限制和削减海军军备条约》（即《伦敦海军条约》）。

敢染指他的地盘，要知道这可是海军自己的事，不容文官插手。
滨口在东京火车站遭右翼狂徒枪击，几周后宣告不治。仅仅过
了一年多，首相犬养毅又在一场未遂政变中遭一伙隶属"血盟
团"的海军军官杀害。犬养生前极力阻止陆、海军中的激进派
同中国开战，与他一同遇刺的还有两位商界领袖。主战派还用
手榴弹袭击了犬养所属党派政友会的党部大楼和日本银行等右
翼的眼中钉。至此，政党政治的试验戛然而止，满洲沦于日本
之手，侵华战争的序幕也在徐徐揭开。

* * * * *

　　魏玛共和国不仅毁于希特勒手下野蛮的冲锋队，它的覆灭
也缘于愿意捍卫其脆弱制度的人寥若晨星。共产党人和社民党
人忙于党争，并未充分意识到纳粹威胁的严重性。无独有偶，
大正民主拥护者的数量也不足。早在 1916 年，自由派思想家
吉野作造就曾写道，许多日本知识分子未能认清普选的意义。
实际上，对其厌恶者大有人在。一如太多幻想破灭的德国知识
分子，日本人同样认为民主政治粗鄙、卑劣、自私、腐化。这
种看法一方面诱发了激烈的反自由思想，另一方面又催生了病
态的自省，有时则是二者皆有。
　　西田几多郎是 20 世纪初最有影响力的日本哲学家。深受
德国理想主义和佛教思想浸淫的他曾尝试提出一种全新且独特
的日本思想。追寻"日本性"之本质的做法是对德国理想主义
的描摹。与多数诞生于现代日本初期的事物相似，"日本性"

也是一种杂糅，融合了禅宗、黑格尔和尼采的思想。而西田的
追随者后来还掺入了海德格尔的学说，进一步丰富了其内涵。
西田哲学的根基是"主观和客观、自我与非我的统一"，日本
需要的是一种不为理性所拖累的直接体验，需要将佛教中的"顿
悟"和黑格尔所说的"绝对精神"结合起来。黑格尔认为个体
要融入集体。倘若这套学说仅仅流传于京都帝国大学高墙之内
的话，倒也没什么害处，可惜事与愿违。文部省于1937年发
布了一份臭名昭著的小册子，名为《国体的本义》。该文件劝
说日本人"舍弃"他们的"小我"，在"天皇身上寻找"自身
存在的本源。此外，有着纯洁精神的日本人优于任何其他民族，
且"秉性与西方国家所谓公民迥然相异"。这份造成恶劣政治
影响的文件以一种粗鄙的方式呈现了西田关于日本主体融入天
皇客体的思想。

　　下面两位人物的经历显示出，这种献身精神对于曾苦苦追
求个人主义却无功而返的大正年代的人而言，是何等受欢迎，
又何等具有慰藉作用。第一位登场的人物是北一辉，他在求知
道路之初是尼采和日莲宗佛教的浪漫信徒。20世纪20年代的
日本，社会氛围浮躁，日莲宗提出一种说法，认为帝制日本终
有一日会站在统一世界的中心，而在此之前要先打败犹太人和
民主党。这里很明显能看出俄国宣传的痕迹，日本人都没怎么
听说过犹太人是何方神圣。

　　从家族背景来看，北一辉既不排外，也并不富有浪漫主义
情怀。他的家在遥远的佐渡岛，贩售清酒的父亲是民权运动坚
定的拥护者。北一辉自小沉迷于绝对个人自由理想，但民权问

题在他眼里实在是太小儿科。他对和平的政治活动毫无兴趣，崇尚的是绝对真理和快刀斩乱麻的意志行为。个人主义思想令他和许多同龄日本理想主义者困惑不已。北一辉推崇尼采，深受其熏陶，开始试着通过将人性和神性合二为一来克服个体疏离感。1911 年，见证了推翻清朝统治的辛亥革命的他兴奋异常，还给自己起了中文名。很快，北一辉满脑子都想着要在日本闹革命。

对于北一辉，革命暴力的宗教意义要大于政治意义，这是一项个体精神解放行为。他结交极右翼阵营成员，起草政治传单，鼓吹由天皇担任宗教元首（führer）的国家社会主义。北一辉认为，国家已经被腐败寡头、官僚、银行家和实业家绑架了。寡头们以一部言辞模糊的明治宪法，限制天皇的政治权力，欺骗日本民众。日本需要一场政变，将绝对权力还给"人民的天皇"。个体只有在和天皇以及国家完全捆绑在一起后才能得到解放。在北一辉的笔下，国家是一种有机体，一种吸收所有个体臣民"小我"的"大我"。而帝国之上还有一片极乐世界，人在往生极乐后可以成佛。至此，北一辉与他理想主义的父亲渐行渐远，他心里惦记着一项神圣的事业，愿意为之而生，或者更重要的是，愿意为之而死。

北一辉的事业对陆军少壮派军官格外有吸引力，他们多数来自贫穷的农村，和北一辉一样将国家的腐朽堕落归咎于世故的城市资本家。在一腔暴力理想主义热血的驱使下，部分军官于 1936 年 2 月发动政变，企图将绝对权力交给天皇，并清除卖国贼和贪官污吏。政变被粉碎了，作为幕后指挥的北一辉被捕。要是政变成功，他本可获任为无任所大臣 *，但他最后连同其余十六人一起被处决。

　　北一辉的故事印证了一点，日本社会在他所处的时代已变得一点即燃、一触即发。他并非只是游走在右翼极端思想丑陋边缘的怪胎。自 20 世纪 20 年代初，他定期会见日俄战争的英雄东乡平八郎大将，后者在海军界的影响力犹在。北一辉的神秘沙文主义学说既具有革命性，又高度迎合那些视民主为敌的强权派的勃勃野心。他被处决后仅两年，文部大臣荒木贞夫就写道，日本帝国服膺神旨，"以血缘为纽带，远超区区道德，然陛下以超凡之道德形象见于世人……"。请留意"区区"一词。这段话说是北一辉写的，也不为过。

　　高村光太郎的生涯没有北一辉那般跌宕起伏，此君也无甚政治影响。他是个雕塑家、诗人，但其一生或许较北一辉更清晰地显示出，想在早期的现代日本追求个人主义是何其困难。高村对于西方和本国的态度是当时许多日本知识分子经历的一种极端写照。

　　作为著名雕塑家之子的高村对欧洲艺术情有独钟，尤爱罗丹。结束了在东京的西方艺术教育后，他于 1906 年来到纽约，开始写诗，之后移居伦敦，结识了英国陶艺家伯纳德·利奇（Bernard Leach）。最终，他在 1908 年时辗转至巴黎这座接纳了他所热爱的罗丹和波德莱尔的城市。翌年回到东京，高村过上了西式波西米亚文化人的生活，他厌恶明治日本的闭塞和沉

80

---

* 又称为不管部大臣（minister without portfolio），指内阁里未被指派负责某一部门的大臣。——编注

闷，常以此对比巴黎的海纳百川。在一首名为《日本人》的小诗中，他宣泄着对同胞的"怒其不争、哀其不幸"，这些个"如猿猴，如狐狸，如鼹鼠，如鲨鱼，如兽头瓦，如破碗片一般的日本人"！

　　这首诗作于1911年，彼时的高村回忆起旅居西方的时光，心情还是颇为愉悦的。他直言在巴黎时无忧无虑，甚至都忘了自己是哪国人，这在一个日本人身上很不寻常。或许他觉得在东京难以过上巴黎的那种波西米亚式生活吧：在熟悉的环境里反而会生出疏离感。不管出于何种原因，总之到了20世纪20年代，高村诗歌的基调变了，隐约能从中读出一丝愤愤然的疏离感，间或显得狂躁。如今谈起旅欧岁月，浮现在脑海中的尽是些寂寥落寞和遭受排挤的片段。诗人不无苦涩地忆起他和一位法国女子的情史。一夜春宵后的早晨，他在镜中端详自己这个"蒙古人"，这个黄皮日本佬。自轻自贱的情绪逐渐蜕变为排外心理和种族沙文主义思想。到了30年代，他写了一堆歌颂日本武运长久的诗，似乎战事一开，他总算可以如释重负地使用诸如"我的祖国，日本"或"我们日本人"这样的字眼了。他还写了一首给蒋介石的诗：

　　　　我的祖国日本要摧毁的不是您的国家，先生，
　　　　我们只是在摧毁反日思想。

　　他终于从西式个人主义的紧张感中获得了解脱。
　　此类情绪在日本知识分子中间能引起广泛共鸣，这让对抗　81

国家统一和天皇崇拜的政治宣传成了一件难事。共产党人和部分激进派社会党人还在坚守阵地。尽管面临审查，批评性报道还是层出不穷。但随着时间推移，自由派陷入强硬左翼和暴力右翼的夹缝之中，原敬的政友会和滨口的民政党等主流党派对此作壁上观。20 世纪 20 年代末，下院投票通过一系列压制政治异议的法律。在有党派政治家的支持下，警察镇压激进左派，许多社民党人也未能幸免。政客本想保全议会权力，但在努力无果后，反倒倒向了他们在官僚系统、朝野和军中的沙文主义政敌。最终，正如司空见惯的那样，他们自己也被绞杀殆尽。

* * * * *

　　尽管东乡平八郎大将对北一辉的革命理论饶有兴致，但他还肩负着带教下一任天皇的使命。皇太子裕仁的第一位、或许也是对他影响最深的老师，是日俄战争的另一位英雄乃木大将。乃木切腹自杀、为先皇尽忠后，东乡接任太傅一职，辅导年轻太子的课业。裕仁几乎完全与世隔绝，苦练射击、识地图、兵法和骑马等军事技能。他身材矮小、性情敏感又不善言辞，天生就不具备尚武气质，但他尽力做到最好。

　　裕仁年轻的头脑里装满了各式各样稀奇古怪的思想，既有 19 世纪末水户学派本土论的影响，也有来自最新日耳曼种族理论的熏陶。他被灌输了一套日本种族纯洁和皇族血脉神圣的说辞，似乎这些都是历史事实。日本人与"雅利安"民族之间的达尔文式抗争也是学习的重点，但最要紧的是，他被时时提

82

醒要警惕"欧洲自由主义思想的毒草"。天皇制的存续是皇室最高职责，他的老师因而极其担心民主思想会有损天皇制的威严。1918年，欧洲君主制土崩瓦解的消息传至日本后，民心震动。德皇威廉二世的下场被当成一则警世寓言。实际上，裕仁所受的教育正是对苦苦挣扎的大正民主的某种反宣传。

　　这并不是说他被训导要与右翼极端分子站在一起，重要的是秩序和国家统一。当裕仁表达对"极端思想"的担忧时——他屡次做出上述表态——他心里怕的其实不是北一辉等右翼，而是马克思主义、社会民主，或者简单来讲就是民主。社会和谐、秩序井然有赖于种族同质化、军事纪律和忠尊君王的共同意识，任何其他事物只会扰乱纲常，分化国家，结出自私和混乱的果实。

　　1922年，裕仁受封摄政，他那倒霉的父亲则退居幕后。但就在这之前，裕仁第一次也是唯一一次体验了自由是何种滋味。1921年，欧洲行被定为皇储学习过程中的一节"必修课"。一些保守派对此表示反对，认为在西方的耳濡目染会玷污裕仁纯洁而崇高的地位；其他人则担心这位笨拙的青年会使日本在外国人眼中低人一等。但他还是启程了，路过香港，经由新加坡，借道锡兰（今斯里兰卡），来到英、法、荷、意四国。此行令他大开眼界，见识了不少新鲜事：比如人们随身带钱，搭乘公共交通时要付钱。英国贵族举手投足间无拘无束，甚至在白金汉宫也不例外，这一点令他印象颇深。宫廷内的人居然表现得和普通人没什么区别，此情此景想必一定让裕仁吃惊不已。感慨于阿索尔公爵（Duke of Atholl）和其领地内领民之间亲

83

密关系的裕仁表示，在这种政治体制下，"人们无须担心会滋
生极端思想"。回国后，他尝试模仿英伦风范，但除了爱上并
吃了一辈子的培根煎蛋外，这种模仿很快便宣告结束。

　　大正天皇卒于 1926 年，其子裕仁登基引来媒体广泛关注。
报纸和电台不分昼夜地报道新天皇参加插秧仪式、人们挥旗游
行、万灯节、授勋仪式和各式各样的神道教仪式，其中有些是
新近才产生的。关于日本性精华和国体论的书籍汗牛充栋，讲
座一场接着一场。不断有人对异见的危险性发出警告。学识渊
博的人指出，敬仰祖先、君民连心、祭政一致等观念不仅是日
本的道统，也是"科学"的准则。1925 年颁布的《治安维持法》
后经修改，扩大了"特高课"的权力，后者也加倍努力地铲除
大学、报馆、出版社等机构内的激进分子。为了捍卫国体，军
部也建立了属于自己的"特高课"。

　　所有这一切的高潮发生在 1928 年 11 月 14 日，准确的说 84
法是：裕仁天皇在伊势神宫与祖先天照大神彻夜长谈后，于次
日早晨正式重获新生，化身为一尊活神仙。两周后，新天皇一
身戎装君临东京，不动声色地看着三万五千名军人列队从他面
前走过。这之后，他还检阅了拥有两艘航母、两百零八艘战舰
和三十九艘潜艇的帝国海军。当天，千百万打开收音机的日本
人以及旭日旗飘扬之地的每个人，都通过广播听见了军靴行进、
礼炮轰鸣和海军战机低空飞行时的声音。昭和时代——昭和意
为"百姓昭明，协和万邦"——来临了。

第四章

"啊，我们的满洲"

那么日本的对外战争究竟是何时爆发的？其导火索是
1931 年的"满洲事变"（九一八事变），还是 1937 年的"支那事变"
（卢沟桥事变），抑或是 1941 年的偷袭珍珠港？日本国内在这
一点上没有共识，史学家甚至对如何命名这场战争都无法达成
一致，因为每个人对开战时间的认识都不同。右翼民族主义者
依然沿用"大东亚战争"这一战时讲法，以偷袭珍珠港为开端，
这种称法的潜台词是，日本打了一场对抗西方帝国的亚洲解放
战争，至于 1941 年前的侵华战争则被轻描淡写地叫做"事变"。
其他人则只肯承认"太平洋战争"，似乎除了对美作战外便再
无其他战事。而对本国战时历史颇有微词的左翼将日本的对外
战争视为殖民征服，始于 1931 年吞并满洲（中国东北），故称
之为"十五年战争"。

有个叫林房雄的人，于大正年间开始做学问，他起初信奉
共产主义，但如许多人那样，最终转投右翼民族主义的怀抱。

他的修正派著作《大东亚战争肯定论》写于日本战败多年后，书中提出一个观点，即日本经历了一场百年战争，最早的对手是美国准将詹姆斯·贝特尔（James Biddle）。他于1846年率部赴日，最终铩羽而归。贝特尔本想迫使日本开国，却遭到一名日本守卫的一顿痛殴。自此，日本就同西方较上劲儿了。

林房雄的观点再现了20世纪30年代那种政治宣传：日本总是被描绘为西方强权的受害者，列强的一再欺侮令日本拍案而起，为亚洲人民而战。侵华战争的某位主要策划者在1945年后接受审问时曾说道，佩里准将和他的黑船才是战争元凶，因为佩里硬生生地将日本从与世无争的孤立状态中拖拽出来，并将其推向大国争霸这一无情的国际格局。人们在较为反动的日本刊物中依然能接触到上述观点，鉴于此类期刊比自由派出版物更能博人眼球，上述看法引起关注也不为怪。当然，不管如何命名这场战争，毋庸置疑的是，1931年掀开了崭新的一页，标志着日本开始对亚洲大陆进行军事侵略。

"满洲事变"（九一八事变）发生于1931年9月18日，这一时间节点本可再往前推。尽管一位中国军阀盘踞满洲，统治着这块半独立性质的私人领地，但日本人的势力已经坐大。关东军控制了南满铁路沿线地区，其中包括哈尔滨和奉天在内的多数大城市。海滨城市大连和旅顺则早已处在日本的直接管辖之下。然而，军部蠢蠢欲动，不满足于现状。席卷全球的经济萧条彼时正重创日本，部分年轻官兵心中开始滋生一股强烈的反资本主义情绪。在东京，右翼狂徒和少壮派军官不仅煽动人们仇视商人和文官，还密谋政变。在中国，蒋介石的北伐军意图统一全国，建立国民政府。中国人视满洲为国土的一部分，尽管日本人签署过协议予以承认，心里却不这么想。日本人倾向于将满洲视为一片没有法律的无主之地，而日本能为其带来秩序。考虑到中国末代王朝存在了大约三百年，中国人对满洲的领土主张可谓合情合理。至于大半个中国属于法外之地这一事实并不能成为日本侵占他国领土的理由。

89

20 世纪 30 年代的满洲，随处可见气焰嚣张的日本军官、右翼梦想家和具有革命思想的亡命徒。石原莞尔中将可说是集这些人的特点于一身。他智慧过人，长着一张娃娃脸，为人桀骜不驯，曾在旅德三年间接触了风靡一时的全球种族战争思想。在他看来，最终的大结局势必是白人和黄种人之间的一场激烈较量，日本和美国则是一对主要对手。同北一辉这位军中极端主义者的思想导师一样，石原也是日莲宗信徒，幻想全世界同处一片日本帝国的屋檐下。但在这之前，他要先设计让日军进占满洲，用不了多久，这里就会被打造为"人间天堂"。

1928 年，关东军炸毁奉系军阀张作霖的专列，日本人反诬中国军人，妄图制造日军出兵的借口。但事不遂人愿，阴谋流产了。裕仁天皇对军人擅做主张的行为惊骇不已，勒令首相辞职，"皇姑屯事件"就这样不露痕迹地被掩盖了起来。有了前车之鉴，这一次的策划务必更周密才行。9 月 18 日夜，日军在奉天城外的铁路旁引爆一枚炸弹，南满铁路基本没有受损，火车班次也依旧准点，但这起爆炸为攻击驻扎奉天的中国军队提供了口实。日本人诬陷后者"阴谋破坏"。为了平息事态，继承父亲东北军大帅之位的少帅张学良下达"不抵抗"的命令。日本人继而宣布把中国军人一律视同匪徒，而关东军既然负责保护满洲的安全，他们便无所顾忌地攻击中国军队。不出六个月，大半个满洲落入日本人之手。中国诉诸国联以求仲裁，日本则不失时机地在国内大肆宣传全世界都与日本作对。

　　"满洲事变"（九一八事变）爆发时，有党派政治家、首相若槻礼次郎仍然倾向于对华采取安抚政策。他惶恐不已，关东军正将日本推向战争，他却无力制止，因为自己无权过问军事。内阁中的陆、海军大臣只对武装力量最高指挥官天皇负责，而不是区区一介文官首相。外务大臣币原喜重郎同样是一位国际主义者，竭力想要维持同中国和西方的良好关系，可现如今，他却要为日军占领满洲这一既成事实进行辩护——文官政府根本管不住军人——这陷他于不仁不义之境地。惴惴不安的廷臣和谋士纷纷劝天皇不要激怒军队，生怕他们造反，在国内惹出乱子。作为在野党的政友会则抨击政府胆小怯懦，将自己的责任撇得干干净净。与此同时，驻扎朝鲜的日军开始调防满洲。首相若槻辞职。

　　他的继任者犬养毅也没能管束住在华的部队，他徒劳地试图阻遏官方承认满洲为独立国家。被反日情绪激怒的日本海军陆战队向上海的中国军队发动袭击，谁料后者顽强抵抗，海军陆战队只好向陆军求援。日本媒体热情洋溢地报道日军在沪英勇作战的事迹，以此鼓动公众舆论，在自杀式任务中阵亡的军人得到了"人弹"这一光荣称号。

　　同前任一样，犬养只能无奈地目睹这一切。他吁请天皇出面干预，但无功而返。为避免激化上海的事态，犬养再度试图制止增兵，没多久便被闯入家中的好战派海军军官刺杀身亡。自此，统治日本的换成了主张"举国一致"的内阁。1932年至1945年间执政的十四位首相中只有四位是文官出身。这既实现了石原莞尔等阴谋家的夙愿，也迎合了东京一些军部高官的心意，他们对石原的所作所为百般纵容。陆、海军大臣在"满洲事变"（九一八事变）和淞沪战争之后都被授予了爵位。

从某种角度看，1932年犬养毅遇刺事件敲响了政党内阁制的丧钟，其意义堪比1933年纳粹上台，唯一的区别在于，日本没有纳粹党，也没有元首。天皇享有至高无上的权力不假，但他既非法西斯政党党魁，亦非军事独裁者。对于他在多大程度上为人摆布，又在多大程度上积极投身战时政治，我们依旧不甚明了。但只要有他在，提供神圣指引，就没有人可以独揽大权。日本诸多问题的根源在于体制顶层软弱、分化，而不是太过强大。国内派系林立，宫廷、军部、官僚系统、国会都有自己的"山头"，远远谈不上"举国一致"。这些派系之间争来斗去的劲头丝毫不逊色于他们面对外敌时的同仇敌忾。

不同于1933年之于德国的意义，1932年并未斩断日本历史的延续性，原因是宪法从未被废止。明治维新后确立的天皇 92 制度完好无损，统治日本的也还是1932年前那批人。政党一直活动到1940年，但多数只是充当吹鼓手，间或扮演搅局者的角色。政党政治家依然占据政府职位，国会也照旧议事。他们本可通过拒绝合作来解散内阁。由于还需要其摇旗呐喊，政党政治家算是保住了些许影响力。经历巨变的是各派之间的均势。直到 1932 年前，宫廷、官僚系统、军队和国会都享有权力，国会始终是最弱的一环，但凭借 20 世纪 20 年代兴起的党派内阁，其实力有所增长。随着这一格局寿终正寝，日本政坛成了一群廷臣、陆、海军首长和官僚的天下，而他们狂热的手下常常越俎代庖，替他们做决定。

* * * * *

有一件事令钳制议会制政府变得相对容易，那就是强大的宣传机器。侵华早期，日本国内对这场战争无比拥护。正当法西斯主义和国家社会主义在欧洲抬头之际，日本的演艺界和媒体也都在为帝国的疯狂行径"添柴加火"。无论对于日本还是欧洲，这都是一个大众政治的年代。20 世纪 30 年代的经济萧条重创了正在壮大的中产阶级，资产阶级政治因此遭受沉重打击。为了诋毁大正年间的自由风气，官方可以说是无所不用其极。昭和早期的社会氛围像极了弥漫戾气的明治末年。裕仁天皇被拿来同他的祖父明治天皇作对比，裕仁的太傅乃木将军等明治时代的英雄成了备受推崇的楷模。《缅怀乃木将军》（'憶ひ起せ乃木将軍'，1932 年）这出戏大获成功。日俄战争中，肺部中弹、踉踉跄跄却还坚持吹号的英勇司号员再度成为连环画、少年杂志和歌谣共同赞美的对象。爵士年代风靡一时的音乐换成了一首首进行曲，歌名透着一股明治末的气息，譬如《皇军出征之歌》（'皇軍進発の歌'）《军中探子之歌》（'軍事探偵の唄'）或《啊，我们的满洲》（'ああわが満州'）。

93

经济大萧条年代酝酿的所有浪漫抱负、民族思想和焦虑情绪都被倾注到建设满洲这项工程中来。人们被告知满洲是日本的"生命线"。专家们言辞凿凿，说要是丢了满洲，已经因萧条而伤了元气的日本经济将面临崩溃。满洲会给日本人提供生存空间（Lebensraum），满洲的煤、铁矿是重要的资源。满洲会培育重工业，开设新银行，铺铁路，建机场，造桥梁，开工厂。比日本国内还要先进、高效和漂亮的城市会拔地而起。满洲连同朝鲜、台湾等日本殖民地一起，会并入一个巨大的日元区，这么做的目的不是像西方资本主义国家那样剥削老百姓，而是要造福所有天皇陛下的子民。政府将牢牢掌控经济。官僚、商界领袖和军事将领同心戮力，为的就是把满洲打造成为一台驱动庞大帝国的引擎。

这一切更多只是一厢情愿，并不现实。从方方面面来看，建设满洲的工程都披着一层虚假的外衣。首先，其经济意义并不像专家认为的那么大。军事战略家和商人在目标的优先性上想不到一块儿，军队和财阀因此向来不睦。工厂、公路、发电厂和漂亮的城市的确是建起来了，且代价高昂。日本官僚在管理工业发展的过程中锻炼了本领。一些企业富得流油。日元区刚起步时内部贸易一度很红火，但后来证明这对日本经济更多是一种拖累，而非提振。满洲无法吸收日本的出口商品，而满洲自己生产的商品品质一般，挤不掉从西方进口的洋货。此外，日本国库亏空，无力再支持满洲的工业发展。因此，企业界想把满洲打造成帝国工商业重镇的想法不过是南柯一梦。

但要说骗，这还算轻的。如今得名"满洲国"的满洲表

94

面上是个"独立"国家，皇位上坐着溥仪这位可怜兮兮的清朝
末代帝王，他的身旁簇拥着一群谨慎、能干而和善的日本"阁
僚"。关于"满洲国"的谎言中有这样一条：其"国民"大部
分是满人而非汉人，但实际上满人在满洲早已屈指可数，就算
有，也常常和占据多数的汉人难以区分。日本扬言中国不是一
个"稳定国家"，因此有权在北方使出强硬手段，维护本国利益。
实际上，就算日本人在场面上给足了末代皇帝面子，"满洲国"
连傀儡政权都算不上，完完全全就是殖民地。"满洲国"的官
员是中国人不假，但人事任命权和政策制定权统统掌握在关东
军手中。

中国政府不断对此事表达抗议，国联于是派遣了一支由国
际政要组成的调查团，赴"满洲国"调查日本人的行为是否合
法。对于日本，世人多少还有些同情之声，尤其是在英国。旅
行作家等访客惊叹于"满洲国"内日本人的高效作风，在见识
了日侨聚居区的整洁、有序和干净后，再来看中国人待的地方，
那只能用混乱和肮脏来形容。日本兵肯定有些粗鲁无礼，但这
无碍铁路旅馆的富丽堂皇。另外，"满洲国"是除了墨索里尼
的意大利外，另一个火车总是准点的地方。

对日本不利的是，李顿（Lytton）爵士率领的国联调查团
在报告中认为日本人的主张纯属无稽之谈*。这引发了新一轮的
自哀式宣传：西方正伙同中国一起陷害日本。媒体又翻出陈年
旧账，其中一些不无道理：1905 年签订的和约太便宜俄国了，

95

---

* 国联调查团肯定东北是中国领土的一部分，主权属于中国；主张中日两国都以东
　北撤出武装力量，中国东北由西方列强共管。——编注

西方列强不同意日本在 1921 年扩充海军军备，美国的排日移民政策，诸如此类，不一而足。关于日本人在日俄战争中"为满洲"抛洒热血这件事又被拿来大做文章。最终，日本退出国联，其驻国联首席代表松冈洋右因为在演讲中称日本就像耶稣基督，被钉在了世界舆论的十字架上，引发一片哗然。

但即便是在最穷兵黩武的年代，日本也并非铁板一块。右翼恐怖分子也许十分猖狂，但是左派并没有消亡，特别是大学里的马克思主义者，他们依旧享有强大的话语权。实际上，某个社会主义政党一直活动到了 1940 年。另外，日本异见者中几乎没有背井离乡、流亡西方的人。这部分是因为多数日本人难以设想离开了日本将如何生活，因为他们既不会外语，也没有人脉；此外，还有另一层原因：为了使他们融入国内新秩序，官方煞费苦心。日本当局没有采用纳粹那套办法来控制潜在异见者。日本左派没进过集中营，他们被"统一思想"的过程看似毫不费力，以至于许多知识分子从不觉得自己背弃了理想。

"满洲国"提供了一条出路。它成了许多左翼理想主义者的乐园，他们在铁路公司谋得调查员或顾问的差事，满以为自己正在帮助亚洲人改头换面。模范殖民地的一大优势在于可以放手去尝试，不必面对公众阻力。这让"满洲国"和台湾在建筑师和工程师眼里格外具有吸引力。不仅如此，"进步的"社会科学家也有了用武之地，他们或许发自内心地相信那套要将"满洲国"打造为种族和谐典范的官方宣传。"满洲国"内部最接近政党的组织"协和会"号召"五族"——日本人、朝鲜人、

96

满族人、蒙古人和汉族人*——和谐共处，听从日本号令。不管其他四个族群如何看待这一安排，但凡是日本人，在大连或奉天的感觉肯定比在大阪或东京更自由，也更惬意。

日本小说家和散文家也纷至沓来，记录"满洲国"无与伦比的现代面貌：火车跑得多快，大连的公园多漂亮，哈尔滨的夜生活多有国际范儿。一些杰出的导演加盟满洲电影制片厂，拿到最先进的设备后，拍摄了一系列反映"勇敢的日本拓殖者""帮助"亚洲同胞的影片。这些艺术家和作家当中有相当一部分人其实是马克思主义者，他们反对资本主义，因而也就反西方。泛亚主义与他们的理想主义情怀不谋而合，所要做的不过是舍弃社会主义，转投某种国家社会主义。

对于冥顽不灵的日本异见者，另有一套打压他们的办法，有时需要使用一定的武力，但通常情况下只需同僚或家人施压即可，或者光是唱反调带来的那种孤独感也足以奏效。这种办法叫"转向"。别的不说，小林多喜二这位共产主义作家就曾拒绝背弃自己的政治信仰。他于1933年死在狱中，八成死于酷刑折磨。然而，尽管这起野蛮行径绝非孤例，类似情况却鲜有耳闻。20世纪30年代初锒铛入狱的左派政治犯几乎全都在未经严刑拷打的情况下就放弃了共产主义，选择"转向"——换言之，他们承诺自己再也不会鼓吹马克思主义。这之后，多数人获释出狱，哪怕依然可能面临被恶警监视和被邻居骂成"赤匪"的下场，日子总算是过得太平无事。

97

---

* 伪满宣扬的"五族和谐"中的五族为"和韩满蒙汉"，作者误植为"日满朝汉俄"。——编注

发生在美浓部达吉教授身上的事或许算得上是昭和早年知识分子生存状态最悲凉的写照。美浓部为人保守，拥护大正民主，同危险的左翼八竿子打不着。在东京帝大教授宪法的他提出一套"天皇机关说"，认为宪法没有规定国会必须唯天皇马首是瞻；天皇是国家首脑，不应让他去做自己也无法承担后果的决定。只有一个强大的、权力受宪法保障的国会才能确保军人不以天皇的名义大开杀戒。

美浓部的看法颇具先见之明，20 世纪 20 年代时曾在媒体和国会掀起一场公开辩论。他的观点至少在理论上得到广泛认可，甚至宫廷内部也不乏赞同者。极端民族主义者发表文章，对他恶语相向，还威胁恐吓美浓部，却无法撼动他的权威地位。美浓部与大正当权派过从甚密，他从教授位置上退下来后在贵族院里谋得了一个席位。

然而，到了 1935 年时风云突变。美浓部不仅遭到右翼极端主义者的非难，还在贵族院被人指控对君主不敬，有损"国体"。此时已经没有同僚有底气为他说话了。美浓部被褫夺议员资格，他的书被列为禁书。针对他的抨击，部分是人身攻击，是学术圈里的公报私仇，但也有部分是出于政治考量。对军队和右翼压力集团中的极端分子来说，真正目标并非美浓部，而是过去的当权派，政党固然是其中之一，但就连宫廷也包括在内。右派打出"净化国体"的幌子，为的是摆脱优柔寡断的廷臣、互相扯皮的政客和胆小怕事的官僚，他们一味敦促天皇谨言慎行。理想中的神圣军国是容不下合宪性解释的。

然而，军队同日本所有机构一样存在内部分裂。"美浓部

事件"发生时,军队分为"皇道派"和"统制派"这两大势不
两立的派系。后面一派人以满洲阴谋家石原莞尔和首相东条英
机为代表,认为日本未来会与西方爆发全面战争。在日本国内
策划反对资本家和官僚的暴动可不是他们的作风。这群人是军
事纪律的信徒,认为应联手官僚和大企业,共同增强国力。皇
道派则意欲闹革命,发动一场"昭和维新",清除腐败资本家
等"国体"的敌人,并在一部新宪法的框架下建立军事独裁。   99
日本的帝制羸弱得很,其守护者总担心左派会造反,但真正的
威胁其实来自右派。

　　1935 年美浓部的"天皇机关说事件"发生时,军队内部
围绕政府职位的争斗演变为一场暴力事件。一位统制派高官原
打算将一些惹是生非的皇道派军官撤职,结果被人用武士刀砍
死在自己的办公室里。刺客是一名年轻军官,正如在日本常见
的情况,他的一片赤胆忠心备受推崇,大众媒体也对其大加赞
赏。为了平息事态,最积极的一些支持者被调去"满洲国",
统制派再度权倾朝野。然而,除了天气转凉外,事态根本没有
冷却的迹象。

　　1936 年 2 月 26 日这天迎来了三十年来最大的一场雪。凌
晨时分,皇道派青年军官决定动手。他们成分复杂,其中一位
还是东京某喜剧名家之子。多数军官的老家在东北的乡下,那
里饱受萧条之苦,民不聊生。许多农民家庭穷得只能将家中的
年轻女性卖给在乡间游弋的皮条客,后者再把她们转手卖给城
里的妓院。尽管军旅生活严酷,但总算是给乡下小子们提供了
唯一的栖身之所。那些较为聪明的在受到北一辉等人的煽动后,

滑向某种天皇制原教旨主义，满脑子都是什么民族纯洁和宗教崇拜。

千余名军人试图占领东京市中心。大藏大臣 * 被人刺死在自家卧室，同样遇刺的还有内大臣 † 和隶属统制派的陆军教育总监。首相冈田启介生还，仅仅是因为叛党错将他的妹夫当成了他。东京市民拿到的宣传单里热情洋溢地称赞叛乱者怀着一颗碧血丹心。

他们中的一些人或许被打动了，但裕仁天皇不以为然。他很明智地看出这起未遂政变本打算拿他身边的当权派开刀。纵容满洲的少壮派军人也就罢了，但这类发生在国内的犯上作乱势必要予以制止。海军受命前来恢复秩序。有惊无险的是，叛党未能杀进皇宫直接向天皇表忠心，因而未能铲除他身边的"奸臣"。2月29日，整件事告一段落，叛党投降，朝纲重整，统制派如今牢牢地将施政大权攥在手中。

日本阻止了一场暴力革命，但是统制派进一步削弱了政府内部残余的文官势力。军部要求新内阁的人事任命要得到陆、海军大臣的批准。鉴于二者都得是现役军人，军队就有了组建和解散政府的能力。立场相对温和的外交官广田弘毅升任新首相，但他对军队只能言听计从，于是，他追加军费，同纳粹德国结成反共同盟。是年，另一桩奇闻将日本人的关注点从军政大事上转移开来。一位名叫阿部定的卑微艺伎在情欲大发之际勒死了自己的情郎。她被人发现在东京街头徘徊，包里装着情郎的阳具。

---

* 即财政部部长。——编注

† 日本内大臣府的长官，负责辅佐天皇，掌管宫廷事务。

在华日军再度变得蠢蠢欲动。广田拿他们没辙，他的两位短命的继任者也一样。天皇身边一干保守派臣子还未做好全面侵华的打算，因此期盼某位"自己人"能出面稳住局势。近卫文麿公爵同裕仁是发小，定期和后者打高尔夫球。出身皇族的他修养良好，为人高傲，游历广泛，在军中根基深厚，还结交了一些右翼知识分子，但不能据此就说他是战争狂，说他是反共急先锋倒不为过，而且深受当时极端种族偏见的影响。同满洲阴谋家石原莞尔一样，近卫认为全世界会被卷入一场东西方之间的种族冲突。任何形式的自由主义都令他胆寒。他希望日本成为一个团结一致、摒弃内部矛盾的极权国家。你死我活的党派斗争和冠冕堂皇的绝对团结这对矛盾是东亚政坛亘古不变的一大特色。所有威权主义政体都会遇到这一恶性循环：二者总是相伴相随。

尽管公爵在军中人脉甚广，但在约束侵华日军一事上并不见得比前任更有能耐。同中国的战争实际上是不宣而战，揭开其序幕的是 1937 年 7 月 7 日的"支那事变"（卢沟桥事变）。事情经过如下：一名日军一等兵在北平的卢沟桥下小解完后，溜达进了所谓的非军事区。一等兵并未离岗很久，但被认定失踪，他的长官因此坚持要搜查该地区。中方提议联合搜查，但被日军指挥官认为是一种侮辱。战事一触即发，很快便蔓延至华北其他地区。

近卫似乎犯了难，他一方面想给中国人点颜色看看，"让他们好自为之"——这是东亚人常说的一句话；另一方面，一场全面战争似乎又不是他想见到的。近卫在日记里写道："我已决心放弃中立，以求控制军队，拉拢民心。"鉴于政党对军人的所作所为已经无能为力，近卫出了个糟糕透顶的馊主意：他计划用"大政翼赞会"这一准法西斯党派替代硕果仅存的那些政党，以起到动员公众舆论的作用。随着这一设想在1940年被付诸实施，大正民主最后一点可怜的印迹也遭遇灭顶之灾。大政翼赞会压根就没想过要管束军队。

不过，在这一令人不快的局面来临前，日军先是于1937年之夏同蒋介石的精锐部队在上海周边展开了一场激烈厮杀。城市遭到轰炸，郊区的战斗趋于白热化，有二十五万中国人在战火中丧生，多为平民。在日军实施某起大屠杀的遗址，一块纪念碑这样写道："血流成河，染红了大海。"到了11月，更多日兵在杭州湾登陆。上海上空飘起一只气球，用中文宣告百万日军已经登陆，通往蒋介石的国都南京的一场血腥征程就此开始。

* * * * *

发生在1937年12月的南京大屠杀无疑是日本人在二战时犯下的最令人发指的暴行。有人将其同纳粹屠犹进行对比，然而，这么做对于理解这起战争罪行的特性并无多大助益。这是一场屠城，而非有计划的灭绝行动。喝得醉醺醺的日本兵跟中世纪的征服者一样，满载着抢来的东西在街上横行霸道。数以千计年龄不等的妇女在惨遭轮奸后被杀或致残。成片街坊被付之一炬。成年男性和男童像牲口一样被拴在一起，在机枪扫射之下跌入沟渠或长江。江岸边堆满了肿胀的尸体。日兵屠戮百

姓常常只是为了寻开心，或是用作刺杀练习等令人毛骨悚然的
游戏。屠杀持续了六周之久。面子上挂不住的日本外交官搜集
了外国目击者证言后呈递给东京，希望高层出面制止事态发展，
但全无回音。日本大使馆毗邻一座女子学校，外交官们想必能
听见女生被蹂躏和残害时发出的惨叫。

我们永远也不会知道到底有多少中国人死于这场屠杀。据
估计，死难者人数——这往往取决于各方政治观点——少则数
万，多则几十万甚至三十多万。东京战争罪法庭认定的罹难人
数为二十五万。但具体人数还不是重点，需要解释的是日军为
何要对毫无还手之力的民众痛下重手，手段还异常残暴。倘若
说大开杀戒的目的不是将每个中国人赶尽杀绝，那么缘何要实
施这种空前绝后的奸淫掳掠的暴行呢？日军在之前的对外战争
中素以军纪良好闻名，怎么这一回就突然军纪败坏至此呢？人
们给出了许多解答：一说根源在于日本文化的病态和武士道精
神等因素；又说这是一起蓄谋已久的恐怖行径，发号施令者远
在东京，目的是迫使蒋介石政府屈服；还有说是吃尽苦头的军
人产生了厌战情绪，继而大肆寻找发泄渠道。

东京政府下令屠杀一说的可信度似乎很低，彼时的天皇及
其幕僚还很在意国际舆论。日本迫切需要从英美不间断进口原
材料和工业品。华盛顿的政策是保持中立，但是美国社会同情
中国，这也是日本未对华宣战的原因；追究某起"事变"似乎
比较不易引发众怒 *。另外，一旦宣战，按照所谓的中立法案，

104

---

* 这里喻指日本借"七七事变"一事，制造"征讨"中国的口实。

美国将被迫中断与交战双方的贸易往来。这样一来，战争物质的供给也会随之中断，这种情况对于日本和中国都是无法承受之重。要是美国公众闻知日军暴行而义愤填膺的话，对日本可一点好处都没有。而且，日军将领很快便意识到，大规模奸淫妇女只会换来中国人更加顽强的抵抗。为扼杀这一势头，日本陆军省决定招募——或者更常见的情形是掳掠——朝鲜、中国和东南亚妇女，甚至一些欧洲女性，命她们在庞大的随军妓院组织里提供性服务，这些妓院亦名"慰安所"。

日军的另一条军规"不留俘虏"也成了大开杀戒的导火索。自登陆一刻起，部队长官便向手下传达指令，北上攻打南京途中抓获的俘虏都要"处理掉"。一路上遭遇大小游击战无数后，日军常对军人和平民不作区分。已经在自己长官手里饱受凌虐，又在异国他乡经历血雨腥风，日本兵因此愈加粗暴。包括妇孺在内的所有中国人在他们眼里都是敌人，养活他们太烦，不如索性杀掉来得省事。

南京攻城战的过程尤其惨烈。蒋介石决定弃守南京前，日军被毙者无数。蒋的大批残部和社会名流跟着他，仓皇越江，以避战祸。大约五十万滞留南京城的黎民百姓中，有不少是从乡间逃来的难民和身穿便装的军人。接到上级打扫战场的命令后，被胜利冲昏头脑的日本兵根本无从区分平民和军人。但凡手上有老茧的，都会被处决。

但是光这一点还不足以解释南京暴行为何如此惨绝人寰。……光杀人还不够，受害者死之前还必须受到非人的凌辱。这让杀戮变得容易，因为受害者被夺去了人性。但这同时也是

105

恶毒洗脑的结果。许多年来，日本人被告知中国人是劣等民族，自己则是神的后裔。对"支那人"的蔑视可追溯至明治时代。以甲午战争为题材的浮世绘将日军塑造为身材高大、皮肤白皙和勇猛果敢的伟岸形象，而中国人则以胆小鬼和黄皮蠢货的面目示人。具有沙文主义倾向的日本媒体如鹦鹉学舌般呼应政府宣传，告诉军人他们正在打一场"圣战"。不管多么残暴，以天皇名义所做的任何事都会因为事业的崇高性而获得背书。东京的巢鸭监狱在战后曾被用来关押日本战犯，一位在狱中做过多次访谈的美国随军牧师总结道，战犯们"坚信，任何与天皇为敌的人都是错误的，因此，他们越是残忍地对待战俘，就越能显示出对天皇的忠心耿耿"。

　　南京大屠杀可能是最令人发指的单起暴行，然而在中国各地、菲律宾、新加坡、马来西亚、泰国和缅甸还发生过难以计数的屠杀。似乎诞生自明治末期、由江户末年的本土论和德国种族理论杂交而成的军国主义妖孽，终于成为了可怖的现实。这是一连串人为决定和错误道路酿成的恶果，早在裕仁天皇即位前就已初露端倪。这也表明，日军的指挥系统存在无可救药的缺陷，体现在战场上则是，当兵的可以忤逆长官，东京的低级军官可以恫吓将军，军令部的人可以骑在文官和廷臣头上。

106

　　在东京，根本没有迹象显示发生了骇人听闻的事。将领们因为战功卓著受到了天皇的嘉奖。唯一一个对南京大屠杀流露出悔意的人是松井石根大将。国民政府首都被攻破时，松井担任华中方面军司令。南京大屠杀后，他主动辞职，剃度出家。战后接受审判时，他称大屠杀为"国耻"，即便如此，他还是被判处绞刑。实际上，松井的许多手下才是下达屠杀命令的人，却从未伏法。

* * * * *

就在天皇的军队在中国陷入泥淖，止步不前时，伪满和苏联边境上爆发的冲突愈演愈烈，大有失控之势。关东军的将领迫不及待地希望主动出击，攻击苏军，其中就有辻政信大佐，他在战争结束前恶贯满盈。辻政信等多数皇道派成员力挺"北上"策略，希望通过占领东西伯利亚遏制苏联。荒木贞夫大将尝言，如果苏联不停止滋扰日本的话，他就要"像驱赶屋里的苍蝇那样荡平西伯利亚"。荒唐的是，这样的人居然还在近卫文麿的内阁里担任文部大臣。

"北上派"多具有陆军背景，吸引了不少下层军官。那些一心避免日苏冲突、转而"南下"的人多半是海、陆军将领以及隶属统制派的高级军官。只有在掌握了东南亚丰富的自然资源之后，海军才能养精蓄锐，为势必要到来的太平洋战争做好准备。天皇无意同苏联开战，且总体上偏向海军的路线。可是，对于下一步该怎么走，根本无法达成共识：要不要同蒋介石媾和，撤出华北？是同西方消弭隔阂呢，还是准备好与之全面开战？是否要和纳粹德国走得更近？是增强陆军实力呢，还是扩充海军？该北上呢，还是南下？然而，正如常见的情况，东京再一次被占领满洲的日本军人牵着鼻子走。

1938 年夏，位于朝、中、苏边境的一片潮湿多雾的草原上燃起战火*。苏军在图们江靠近伪满一侧建立了军事要塞，日本人决定试探试探对手。苏联人有轰炸机和坦克，这两样日本人都没有，但他们拥有高人一筹的"斗志"。战斗持续了两周，双方均伤亡惨重，日军损失更大，却寸土未进。天皇下令让部队停战，但辻政信大佐不为所动，命令手下接着往下打。有斗志，就不怕打不赢。不出一年，配备燃烧弹、军刀、野战炮和部分轻型坦克的日军在外蒙边境上的诺门罕袭击了朱可夫元帅麾下的苏联坦克兵团。两军在环境恶劣、蚊虫遍布的平原上激战数月之久，最终以日本人被屠杀而收场。放眼望去，日军尸横遍野，成了沙漠黑兀鹫的美餐。逾两万名日军在饥渴、疫病和苏联炮火的夹击下丧生。辻政信大佐不负众望，获得晋升，但"北上"方案就此作罢。自此，所有军事行动都将"南下"。

108

---

* 即 1938 年 7 月末 8 月初爆发的"张鼓峰事件"。日、苏两国之间围绕张鼓峰、沙草峰这两个高地进行了一场军事冲突。

第五章

与西方开战

1941 年 12 月 7 日，停靠珍珠港的美国太平洋舰队在日本
鱼雷和俯冲轰炸机的偷袭下损失惨重，闻讯后，天皇及其广大
子民欣喜若狂。裕仁为此特意身着海军服，在廷臣笔下，陛下"满
面红光"。《大东亚战争肯定论》一书作者林房雄听闻这则消息
时正在"满洲国"旅行。他写道，这种感觉"就好像卸去了肩
头的重担"。诗人、雕塑家兼巴黎式波西米亚文化人的高村光
太郎喜极而泣。文学批评家伊藤整，"感到自己仿佛一下子获
得了新生"。偷袭珍珠港之后，日军继而占领新加坡，入侵荷
属东印度，进据菲律宾……"亚洲解放圣战"的开局真是再顺
利不过了。

目睹这一切的著名文艺评论家奥野健男总结道：

普通人对中日战争比较暧昧，知识分子更是斥其为
侵略，可同英美的战争一开始，他们的态度就来了个

一百八十度大转弯　　人人都担心日本未来的运数　　与
此同时，人们心里却又喜不自胜，我们总算赢了一回；英
美这些个傲慢的大国，这些个白人脸上总算挨了我们一拳。
随着捷报频传，担忧逐渐失色，恐惧化为自豪和兴奋……
一个来自落后国度的有色人种在面对发达国家白种人时的
所有自卑感，顷刻间烟消云散……古往今来，我们日本人
还从来没有如此充满民族自豪感。

　　这种描述大抵算得上是最贴近事实的说法。这么多年来，112
日本人被不断提醒自己是傲慢西方的受害者，受够了轻慢和冷
落——不管真实与否——他们还要忍受屈辱，在西化课堂里扮
演优等生，努力追赶物质优越的西方，遑论"文明开化"运动。
所有这一切造成的羞耻感，都因为扑向珍珠港的俯冲轰炸机一
扫而光。今时今日，全世界或许会像日本人待见自己一样，待
见日本人了吧。

　　1937 年，最初的连战连捷过后，越来越多的日本人对征
华"圣战"犯起了嘀咕。那时的日本战争片在反映普通士兵的
疾苦上有着惊人的诚实。不过除了极少数个案外，镜头不会对
准他们的受害者。战时宣传的重点很少落在刻画敌人的丑恶面
目上。影视作品歌颂自我牺牲和人人精忠报国的精神，深陷中
国泥淖的可怜士兵和家乡的亲人都是电影讴歌的对象。中国战
场上，大小战斗似乎永远没个完，丝毫无法振奋军心，也未能
取得迫使中国屈服的理想结果。政府似乎不知道下一步棋该怎
么走。另外，关于亚洲新秩序的宣传都建立在兄弟友爱和文化

亲缘性的基础上，可只要日本还与亚洲同胞兵戎相见——不管他们和神圣帝国的子孙相比多么卑贱，总还是同胞吧——就会使这一论调显得十分空洞。

直到和西方开战前，东京一直是个很西化的地方。尽管有人大费周章地想用日语词汇替代美国棒球术语，但这不妨碍人们投身这项运动。影院播放好莱坞电影，人们听西方音乐——既有古典乐也有现代乐，阅读西方书籍。德意两国的音乐和书籍从未被禁。1941 年至 1945 年，被从日本人生活中剔除的那个"西方"是"盎格鲁撒克逊人"的"西方"——即明治维新以来日本自由派崇尚且试图效仿的一切。日本的对外战争打着多重标签，其中之一便是反自由主义。

政党此时大都已噤声，到了 1940 年则面临被解散的命运，取而代之的是大政翼赞会，其作用是号召国民"一亿一心"，上至军令部，下至町内会*最底层的会长（级别低归低，作风无一例外都很专横），概莫能外。国会选举照常进行，但候选人几乎清一色都是由大政翼赞会推举的资质可靠的强硬派民族主义者。从小学开始，官方在每个机构都强推极端形式的天皇崇拜。一听到天皇大名，人们就务必立正站好。大和精神成了一种准宗教崇拜。人们得知，克己、坚忍和奉献都是日本人独有的美德，因此才有了那么多反映时艰的战争片。坚忍的精神和强大的意志力会攻克一切物质难关。

种族纯洁在德日两国战时宣传中的地位可谓等量齐观，尽

113

---

* 町内会是日本市町村之下的基层自治组织。

管后者并未造成类似种族灭绝的后果。由于日本宣传机器的正式标靶是自由主义——也就是个人主义、多元主义、物质主义、资本主义和民主——在对抗的西方思想方面，日本和德国其实是一致的。只不过在纳粹眼里，犹太人是上述所有罪恶的化身，而日本人则被告诫要粉碎的是以丘吉尔和罗斯福为首的"盎格鲁—美利坚鬼畜"——他们是漫画里堕落颓废、头戴高帽的财阀。英语本身被认为是一种污染。战时的一幅漫画里，日本学生将所学的英语词汇（"You are a dog〔你是一条狗〕"）扔进垃圾桶；一旁的母亲摆出一副神道教神官的模样，在周围撒上净化用的食盐。 114

经历了近百年的西化运动，日本人如今又旗帜鲜明地变回了亚洲人。帝国军队通过"圣战"将白人赶出亚洲，但光这还不够，还要将亚洲人头脑中的一切西式自由主义思想残余清除殆尽。这种全新的亚细亚主义很像是明治早年间跳华尔兹舞、打惠斯特牌的名流身上的西化做派，既紧张，又不自然。知识分子和军队宣传家混用诸如"克服现代性"和"超越西方"等辞令，似乎二者是一回事，而日本的全套现代化方案必须推倒重来。我们不难理解亚洲自豪感这一自我膨胀的观念为何会具有强大的感召力，作为所有亚洲人的哲学和政治导师，日本充分地体现了这种自豪感。然而，日本建立的新秩序尽管部分地迎合了18、19世纪的极端本土论，但就像大正时期知识分子所推崇的马克思主义一样，这一倾向也受到了西方思想的洗礼。日本的新秩序大体上源自欧洲的法西斯主义，而后又被嫁接到东亚人的思维习惯上。

　　然而，纳粹德国和日本并不一样。在德国，国家社会主义是一种革命思想，践行它的是一个民粹政党。军队、宫廷、商界、官僚系统内的日本精英运用的则是法西斯手段，以强权稳住一项总有脱缰之势的事业。以东条英机大将为代表、有天皇撑腰的军中统制派试图牢牢压住激进的皇道派，以免爆发革命。希特勒及党羽早在上台前就对世界格局有了宏大的规划；反观日本精英，除了都反感自由主义——不论其形式如何——似乎只是在将各自的政治信条拼拼凑凑，为一连串无休无止的既成事实提供背书。此外，他们中至少有一部分人早在珍珠港事件前夕就已看清一件事：日本走上了一条自取灭亡的不归路。

115

＊＊＊＊＊

　　既然如此，那为何还要一意孤行呢？山本五十六大将曾警告近卫首相，日本成功对抗美国的时间不会超过一年，那么他又中了哪门子邪，居然同意偷袭珍珠港的方案？需要重申的是，可能性最高的解释并不是像德国进攻苏联那样，是奉了"元首的旨意"，反而是因为日本政府最高层太弱势，甚至是失灵了。假使说热衷于与西方开战的人寥寥无几的话，那么或许除了天皇外，有能力或有意愿制止战争的人连一个也没有。

　　最终摊牌之前的铺垫始于 1940 年 1 月。美国"出于国防利益考虑"，停止向日本出售航空燃料和废金属。日本人明白，此举将使他们在中国的驻军难以为继。美国人对此也心知肚明，所以才会有这项新政。这之后，美国又颁布禁令，规定不得向日本出口任何品级的废旧钢铁。日本该如何抉择，眼下已经很清楚了：要么从中国撤兵，要么挺进东南亚，攫取当地的原材料。鉴于军事控制中国被认为对日本的国家存亡有着至关重要的意义，选项一断无可能。德国那时已入侵法国，日本于是破釜沉舟，加入轴心国，自绝于美国。1941 年 7 月，日军占领南印度支那*。英、美、荷三国决定对日实施石油禁运。惯于操持受害者论调的日本报纸宣称，日本的生命线被"ABCD"四个大国扼住了：A 代表美国，B 代表英国，C 代表中国，D 代表荷兰。

　　日本此时仍可撤出中国，但时任战争大臣的东条大将表示"部队驻华一事不存在妥协余地……"。部队没了油便寸步难行，这就意味着日本要动荷属东印度的脑筋了，那里石油储量丰富。当然，还有另外一条路可走。出主意的是海军军令部总长永野修身大将，他在美国宣布石油禁运前五天指出，留给日本的时间不多了，海军每天要消耗四百吨石油，因此务必即刻对美发动打击，这样才有最大的"胜算"。只要日本占领了菲律宾，海军铁定能控制太平洋。

　　永野大将的想法相比其同僚还是超前了些。不管是天皇、东条，还是近卫，谁都不想与美国为敌，起码眼下还不是时候。当时的决定是，一边进行外交斡旋，拖延时间，一边为可能爆发的战争做好准备。日本再三向华盛顿方面陈情，只要以令日本满意的方式解决"支那事变"（卢沟桥事变），并解除对日经济制裁，日本就会撤出印度支那。或者，只要日本获准在华驻军，

---

* 印度支那，亦称中南半岛或中印半岛，指东南亚半岛，东临南海，西濒印度洋，因位于印度与中国之间，而被近代欧洲人方便记忆式命名。——编注

以确保地区安全，就会考虑同中国议和。再或者，只要恢复原油供应，日本就将承诺不再进犯东南亚其他地区。所有这些提议都未能获得积极答复。现在该怎么办？日本领导人决心等到 117 10月，美国人届时若依旧无视日本的诉求，那战争就在所难免了。

10月到了。近卫延请陆、海军大臣，外务大臣，以及企划院总裁铃木贞一赴其私人官邸密会。铃木将军在五年后的东京审判时曾谈及这次意义重大的会谈："这次会议过后，症结所在已经明朗化了。海军打心底里认为与美开战必败无疑，只是不愿公开表态。陆军未必真想打仗，但又极力反对从中国撤军。外务大臣坚定地认为，不答应从中国撤军，与美国的交涉断无希望成功。因此，首相若想避免战争，仅存的办法要么是让海军正式公开其真实想法，要么是让陆军理解海军未经声张的意图，并同意撤军。我看得出首相很为难，因为从他个人来讲，他觉得自己无力说服海军或陆军。"*

换言之，没人觉得自己有能力为一项一以贯之的政策担责。首相对军队无计可施，陆、海军大臣则乐见局势随波逐流。日本人即将为摧毁文官政府的权威付出最终代价。政治学者丸山真男在解释日本之所以会大难临头时，认为这是自上而下不负责任而导致的顺理成章的后果。他分析道，天皇就像一尊神轿， 118 人们扛着他的时候，根本不知道自己将去向何处，只会被动地对命运的起伏作出回应。政治仿佛天气一般：一会儿这里刮起

---

* 此处援引自丸山真男的《现代日本政治中的思想与行为》(*Thought and Behaviour in Modern Japanese Politics*，牛津：牛津大学出版社，1969 年版)，由伊凡·莫里斯(Ivan Morris) 编辑后出版。——作者注

暴风雨，一会儿那里放了晴，接着突然又来了一场可怕的地震。
"神风"这个词——意即"神圣之风"——本来指的是 13 世纪
一种自然现象，当时蒙古侵略者的舰船在海上遭遇台风，撞上
礁石后全军覆没，但从此每当面临危难关头——比如 1853 年
佩里率部前来，或者 1944 年美国连战连胜——日本领导人都
会祈求一股神风拯救日本于水火。既然没人需要为不时将日本
城市夷为平地的地震负责，同样，也就没人觉得自己要为与西
方开战负责。天皇或许除外，但话说回来，他也不过是一尊神
轿罢了。

铃木将军讲述的近卫官邸密会的经过是否准确，我们不得
而知。毕竟，部分军界人士可是巴不得开战。丸山教授的分析
或许有些过于化繁为简，可是，日本自上而下不负责任这一点
并不存疑。正是因为缺少政治上的问责，才会轻易将几亿人的
命运归咎于人类——或者至少是日本人——控制不了的因素，
归咎于"必然的历史力量"这种抽象概念，归咎于"ABCD"
四大国扼住了日本的命脉，或者干脆归咎于美国人的所作所为，
譬如国务卿科德尔·赫尔（Cordell Hull）于 1941 年 11 月 26
日递交给日本驻华盛顿大使的那份著名的备忘录。那时，近卫
已卸任首相之职，接替他的是兼任战争和内务大臣的东条英机。

赫尔的备忘录是一份"相互政策声明草案"。美国要求日
本撤出印度支那和中国，但没有规定时限，对撤出中国的哪部
分领土也未作说明。备忘录没有提及伪满或朝鲜。东条将军向　　119
内阁谈起这份备忘录时的语气就好像这是一份最后通牒，但其
实不然。实际上，倒是日本人给华盛顿下达了最后通牒。美国

要是在 11 月 15 日之前解除对日经济制裁的话，日本愿意模糊其词地承诺一旦中国"恢复和平"，就会在"适当的时间段内"撤军。反之，日本就将开战。赫尔的备忘录只是提供了口实，偷袭珍珠港的计划早已制定完毕。海军轰炸机正在鹿儿岛海湾上空一遍遍地进行空袭演练。对此事疑虑重重的山本五十六大将把计划捋了一遍，务求落实到最小细节。同别人一样，他也希望一次毁灭性的打击会使美国人在谈判桌前硬气不起来。只要展现出大和精神，就一定能让腐朽堕落、贪图享受的美国人变得识趣。至于要是行不通的话，东条将军有言："有时候人就得闭着眼往下跳。"

* * * * *

尽管日本人从未制定过种族灭绝的政策，但他们在亚洲的"圣战"却异常残暴。战俘饱受摧残，经常活活累死。东南亚奴工的处境甚至还不如西方战俘，几十万人在铺铁路或从事其他苦役的过程中死于口渴、饥饿和凌虐。日本人的细菌部队还在中国人和部分欧洲人身上进行恐怖的医学试验。来自朝鲜、中国和南洋的妇女和少女被胁迫在慰安所提供性服务；许多人因此丧命，幸存者往往落下终身残疾，有的则要一辈子活在伤痛中。在中国、新加坡、马来亚、菲律宾、缅甸等地还发生了屠杀平民的事件。日本的军警"宪兵队"是 20 世纪最心狠手辣的机构之一。

"圣战"让日本人也吃足了苦头。国内食品日渐短缺，偷袭珍珠港前一年，大米就已实行配给制。肺结核在日本的致死率本已很高，20世纪30年代末为年均十四万起死亡病例，到了1943年更是攀升至十七万。町内会头头等好事之徒向特高课或宪兵队打小报告，揭发任何"投降派"或"反国体"言行。家里人有在美国的，或者自己曾旅居美国的，不分青红皂白就会被当成"间谍"遭到逮捕。只要举止有一丁点"像外国人"的嫌疑，就足以成为秘密警察整你一顿的理由。妇女们无奈穿上土气的"本土的"裙子，孩子被教育像军人那样"玉碎"。对于军事化生活的高压和清苦，日本国内怨言日增，但是官方告诫民众要怀着光荣的大和精神，克服对战前自由舒适生活的最后一点点留恋。

日本军国政府对内对外的残暴行为因为一套和平与友爱的宣传而更显邪恶。《国体的本义》曾誓言日本会将全世界聚拢在天皇的屋檐之下（即所谓的"八纮一宇"）。1940年，日本加入轴心国时，天皇颁布手谕称："'为世间求公理，使天下成一家'是皇家世代相承的祖训，吾辈必不分昼夜，铭记在心。"近卫首相在同年表示："日本国家政策的根本目标在于遵照'八纮一宇'的崇高精神，坚定不移地缔造世界和平……"1942年，东条将军称，全新的亚洲秩序将建立在"道德正义的基础上"，121 "日本处于核心位置"。

1943年，"大东亚共荣圈"所有国家的代表齐聚东京，参加"大东亚会议"。南京伪政府主席汪精卫来了，与会者还有菲律宾的何塞·劳雷尔（José Laurel）、缅甸的巴莫（Ba Maw）和孟加拉民族主义者苏巴斯·钱德拉·鲍斯（Subhas

Chandra Bose）。会上，各国庄严承诺将尊重国家独立和民族传统。代表们合影时，东条将军站在中间，笑容可掬，活像慈祥的一家之长。会后发表的官方声明如下："《大东亚宣言》清晰道出了所有亚洲人民的集体愿望，大东亚共荣圈完全立足于公理之上，旨在对抗英美的盘剥、侵略以及唯我独尊的自我中心主义。这是伟大的一课，其意义将为全世界人民所共知。"

日本人知道，光倚重军事力量是建立不了东亚帝国的，因此他们除了承诺帮助亚洲人摆脱西方殖民压迫、实现民族解放外，还辅以一种独特的、普适的日本本质论。言下之意，就是主张输出独一无二的日本精神，以期启蒙和开化他国。日本的宣传家似乎在努力扭转文化传播的进程。几个世纪以来，日本从中华文化和西方文化中汲取养分，如今轮到日本来迫使他国接纳日本文化了。明治时代的理想主义者大谈日本是西式现代化之师，从中学到的教训现已明确打上日本的烙印。帝国境内，神道教神社遍地开花。朝鲜人和台湾人被迫给自己取了日文名。教科书向一代印尼、缅甸和菲律宾学童灌输武士道精神——当然，效果不彰。既然是独一无二的，那就是无法输出的。多数亚洲人根本无意成为日本人，就连那些曾经视日本人为解放者和老师的人，在目睹日军使用暴力播撒天皇福佑后，也改变了想法。

122

* * * * *

与此同时，美国人正步步逼近日本本土。日本军队内部的

派系与机构之争，以及指挥系统一贯的混乱不清，让日本的对
外战事乱成了一锅粥。但就算统领日本的是一群军事奇才，这
场战争日本也打不赢。美国能生产更多飞机、战舰等必要物资，
且比日本更快、更高效。维持在华驻军就已经让日本勉为其难，
再想守住东南亚和太平洋的阵地更是断无可能。日本什么都缺：
石油、战斗机飞行员、食品，只有人不缺，但在本土也开始遭
受轰炸后，连这一资产也成了"速耗品"。

　　1942 年，瓜达尔卡纳尔岛被攻占，塔拉瓦岛于次年沦陷；
到了 1944 年，先是夸贾林环礁易主，之后莱特岛、吕宋岛、关岛、
塞班岛也相继宣告失守。最后失陷的是硫磺岛，B-29 轰炸机
从这里起飞，可以轻而易举地飞抵任何日本城市，继而将它们
一个接一个地变成一堆废墟。一名日本军官曾赋诗一首，描述
戍守瓜岛的日子：

> 一摔倒就浑身是泥，
> 伤口汩汩地渗出血来。
> 没有布包扎伤口，
> 蚊蝇就在结痂处打转，
> 无力将它们驱走。
> 倒地后便无法动弹，
> 多少次，我想要一死了之。

123

　　一旦被俘，所有日本兵都被要求"玉碎"，自我了断。平
民也不例外。到了 1944 年，日本领导人认清了形势：这场战

争靠常规手段是打不赢的，但顽固派坚持己见，强调即使所有日本人都要死，"国体"也不会亡。日本绝不可以投降。如此一来，一项本属于武士阶层的古老特权成了全民义务。美军登陆塞班后，妇孺在威逼下跳崖自尽。在冲绳，罹难平民人数多达十七万。数以千计的人被赶入美军机枪火力网，为日军挡子弹。还有避难者被迫用剃刀或匕首——如有必要甚至可以徒手——杀死家人后自杀，好为当兵的腾地方。东京、大阪、福冈火光冲天，十几万条生命在人为制造的大火中灰飞烟灭。即便是这样，统治精英依然将日本的穷途末路（Götterdämmerung）归咎于普通民众的意志力和忠诚度不够。

　　老师命学生给前线军人写信，盼他们"光荣战死"。到了1945年，军队的"玉碎"策略俨然成为一项举国方针。海军中将大西泷治郎是"神风特攻队之父"，他在日本战败后自杀身亡。被强征入伍的往往是就读于一流学府的青年，"自愿"以死来弘扬"大和魂"。为了配合自杀式任务，还专门制造了潜艇和战机。实际上，尽管只有三分之一的自杀式战机最终撞上目标，但这种战法对美舰伤害不小，造成了惨重的伤亡。不过，哪怕是大西中将自己，恐怕也不会真的认为靠这样就能赢得战争。借一位政坛元老的话来讲，他大概希望这种非常战术能创造一种"更有利的战局"，迫使敌人就范。神风特攻队的预期效果固然致命，但也不乏戏剧色彩：这标志着一种特殊的"日本性"从对外的咄咄逼人蜕变为纯粹的自我毁灭，其种子播撒于江户末年，到20世纪30年代末已成为举国病态。

　　有一个人，也只有一个人可以提前结束这一切苦难，此人

124

便是天皇。他的战争内阁在制定决策时必须一致通过，否则政府就会解体，而在商议终战这一重大事宜时，裕仁的爱卿们根本无法达成一致。1945年5月，杜鲁门重申盟国立场，要求日本无条件投降，之后由盟军扶植民主政府，取代军国主义政权。包括前驻日大使约瑟夫·格鲁（Joseph Grew）在内的美国国务院内一批"知日派"主张保留天皇制，但事与愿违，杜鲁门并未做出上述承诺。由于皇权是"国体"的最高神龛，天皇同手下将领一样，并不急于答应无条件投降。

1945年6月，一枚炸弹击中东京皇宫。或许这件事促使天皇定下心来，又或许令人焦心的报告迫使他全神贯注。据悉，他的臣民正变得躁动不安。当天皇出现在东京市中心，迅速视察烧焦的废墟时，他震惊于人们在空袭过后竟然对他毫无敬畏心——现场的气氛很是冷漠，甚至带有敌意。这时的日本首都和几乎所有大城市一样，已是断壁残垣，一片狼藉。老百姓造反的苗头暂时没有，但不能据此认定毫无可能。前首相近卫文麿阴郁地警告，称日本可能会爆发共产主义革命，而这对"国体"的威胁比盟军胜利还要大。

于是，天皇决心在不危及自己神圣统治权的前提下谋求和平。他向斯大林示好，看苏联人是否愿意媾和，但日本开出的条件太过模糊，再说也太迟了，苏联人不为所动。日本一边不断遣特使赴莫斯科斡旋，一边严整战备，决心殊死一搏。日本的军工业已是苟延残喘，却仍在加紧生产人体鱼雷、自杀式战机、人体火箭弹和用来与侵略者同归于尽的"特别攻击艇"。

7月的波茨坦会议上，杜鲁门告诉斯大林他手上有"具备

罕见毁伤力的新式武器"。斯大林早就通过手下特工得知此事，
因此皮笑肉不笑地预祝美国人试验成功。杜鲁门、丘吉尔和蒋
介石共同签署《波茨坦公告》(Potsdam Declaration)，要求日
本无条件投降。公告依然未对保留天皇制给出任何保证，但是
盟军承诺会"根据日本人民自由表达的意愿"建立政府。一些
日本人，譬如外务大臣东乡茂德，认识到这是日本所能指望的
最好结局。然而，倘若坚持接受盟军的条件，东乡与志同道合
者就会因为"投降主义言行"沦为阶下囚。最高指挥部依然坚
定不移地想要血战到底。原海军大将、首相铃木贯太郎做了一
件日本领导人过去常做的事：对局势听之任之。《波茨坦公告》　126
被当成一纸废文，日本的大决战战备继续进行。到 8 月 6 日，
杜鲁门将他的特殊武器投在广岛。须臾之间，十万甚至更多的
男男女女和儿童命丧黄泉。两天后，苏联出兵攻打"满洲国"。
广岛原子弹爆炸过去三天后，长崎也遭遇了灭顶之灾。

　　当晚，在遭到长崎原子弹爆炸这一消息的重创后，天皇在
一座密不透风的地堡内召开了最高战争指导会议。与会的六名
成员身穿军装，汗如雨下，天皇则僵坐在一面镀金屏风前，听
他们陈述各自的看法。要是对接下来的对策无法达成共识，政
府就将解散，并且还会有更多的人为此丧命。接下来上演的，
是神秘主义政治生态的一曲荒诞绝唱。所有人一致赞同"国体"
应得到维系，但对于这一抽象概念究竟有何含义，却又意见不
一。在外务大臣东乡眼中，天皇制的模板应该是世俗的立宪君
主制，是大正时期杰出法学家美浓部达吉口中的"国家机关"。
可是，东乡的海、陆军同僚认为天皇特权神圣不可侵犯，他的

统治权不容染指。再者，陆军大臣无法接受盟军驻日，更别提设立什么战争法庭了。

　　事到如今，经历了四分之一个世纪对外战争的日本面临着"全员玉碎"，而左右一切的却是日本政体内涵这一根本性问题。这关系到上百万美国人、中国人、欧洲人、东南亚人和日本人的生死。铃木首相是个行事暧昧的老派"和事佬"，他把决定权抛给天皇。天皇依然在忧虑其神圣皇权会否不保。要是敌人在伊势湾附近登陆的话，两座最重要的神道教庙宇将会落入敌手，那里可存放着神圣的皇家器物。据天皇事后回忆，见此情形，想要保住"国体"怕是很难了，他于是做出"神圣裁夺"，决定接受盟军的条件。

　　8月15日，数以百万计日本人生平第一次从收音机里听到天皇的玉音放送，许多人是跪在地上哽咽着听完的，但他一口正式的宫廷腔让不少人如坠云雾。终战诏书的措辞和大东亚宣传的内容十分接近。天皇做出投降的决定，不光是为了杜绝"敌方最近使用残酷之炸弹"再被使用，还因为"朕欲忍所难忍，耐所难耐，以为万世之太平"。

　　天皇还有很多话没说出口，他对苏联入侵日本的威胁只字未提，也闭口不谈对国民造反的担忧。在许多日本人眼里，终战和战争都是天意。但诸如此类的天意一样能被人滥用。海军大臣米内光政同是最高战争指导会议成员，他在1945年8月12日曾坦言："依我之见，尽管用词可能不当，但是原子弹爆炸和苏军参战从某种意义上讲是神赐的礼物，唯有这样我们才不至于说日本退出战争是因为国内形势所迫。"

　　日本满目疮痍，国内局势今非昔比。除开数百万条葬身战
争残骸之下的生命外，一种对日本的观念——它既现代又古老，　128
既西化又本土，既毁灭他人又自我毁灭——同样也被埋葬了，
但愿是永远。然而，之后的岁月里，这一观念还会苏醒——是
回光返照，还是隐隐说明其生命力强韧？或许现在下结论为时
尚早。

第六章

东京布基伍基

1945 年 8 月 30 日，道格拉斯·麦克阿瑟将军的专机飞抵横滨附近的厚木海军航空基地。走出机舱，这位盟军最高司令官（SCAP）在舷梯驻足片刻，一只手插进裤子的后兜。他紧了紧叼着玉米烟斗*的下巴，透过飞行员墨镜扫视了一遍这片被征服的土地。这是麦克阿瑟的标志性动作，虽显得漫不经心，不怒自威，但其实经过反复排练。将军还换着角度，轮番摆了几遍这个姿势，以便所有摄影记者都能拍到一张质量绝佳的照片。

我们不可能清楚最高司令官此时此刻在想什么，但是从他在澳大利亚飞往日本的漫长航班上所做的长篇大论来看，他深感自己肩负使命。麦克阿瑟不是日本通，实际上，他对日本知之甚少。但他自称受到了乔治·华盛顿、亚伯拉罕·林肯和耶

---

* 即玉米芯烟斗，源于美国。烟斗使用表面碳化以后，比较持久耐用。

稣基督的指引，前来帮助这个蒙昧的东方国度摆脱奴役和封建主义，并将其人民改造为热爱和平的民主主义者。这将是自明治维新以来最激进的一项改革，是西方世界迎来的一缕新曙光。不过这一回，师从的楷模不再是德国，而是美国，也只能是美国。从官方层面上讲，占领日本是苏联在内的所有大国的集体行为，可事实上，从一开始这就是美国人的独角戏。

最高司令官履职的时间，恰逢佩里率黑船来袭约一百年后。彼时，"胸怀四海的扬基民族"（反正佩里是这么觉得的）也是前来照亮日本之混沌的。佩里的旗舰波瓦坦号上装备的火炮确保了日本人领会其用意。日本正式投降时，人们没有忘记作为先行者的佩里。他的军旗一直被小心翼翼地保存在位于安纳波利斯的美国海军学院，为了配合密苏里号战列舰上举行的投降仪式，又被专程运至日本。旧军旗升了起来，麦克阿瑟这位蹩脚的演员滔滔不绝地大谈自由、宽容和公正。过后，一千五百架美国海军战斗机和四百架 B-29 轰炸机呈密集阵列，从上空呼啸而过。

日本帝国的陆军和海军就此解散，剩余的军用品和物资不是被销毁，就是流入黑市，成全了人脉宽广的日本黑帮、政坛掮客和右翼政治家的事业。然而，解散日本军队只是开了个头，政治体制有待改造，财阀正听候发落。另一方面，日本官僚机构基本保留了原班人马，以便贯彻最高司令官的改革措施。不同于德国，管理日本的是日本人自己，最高司令官及其部属更像是操纵木偶的人，往往在暗中活动。1946 年，日本举行全国大选，表面上，管理这个被占领国度的依然是日本人自己的政府，可后者处处要视最高司令官的独断眼色行事。就这样，战前、战时和战后日本之间的重要联系保留了下来，其效果不见得都是积极的。

不过，最高司令官的使命可比政改宏伟深远得多。日本文化本身，以及几千年来日本民族形成的一整套思想，都必须像拔除毒草一样，得到整顿、清理和重塑。在这件事上，最高司令官仰仗身边一干保守派随从为他出谋划策。这些人自豪于对"日本人心理"的把握，大都思想保守，认为日本是个幼稚民族，若不严加管束，极易行野蛮之事。尽管并非所有幕僚都与他同心同德，但麦克阿瑟视培植民主为己任，而要实现这一点，光讲政治是不够的，他自视为日本人灵魂的改造者。

1951 年，麦克阿瑟在讲话中指出，从现代文明的维度来看，日本人就像是十二岁的小孩子。这很符合他一贯的思想。麦克阿瑟做出上述表态的场合是在美国参议院联合委员会，这里有必要交代一下当时的背景。他对比了日本和德国后得出结论，德国人是个"成熟的民族"，日本人则仍处于"欠管教状态"。德国有着和其他西方国家一样高度发达的科学、文化和宗教。对于德国社会里的纳粹遗毒，清除干净即可，无须殃及德国文化，毕竟这种文化孕育了路德、贝多芬和歌德。纳粹政权是德国文化变异的结果；其领导人主宰世界的目的昭然若揭，手段残暴，但没必要因此把德国当成化外之邦，给他们上课。（麦克阿瑟说这话可不是恭维；在他看来，德国人只会比日本人更卑劣，因为他们本应明晓事理。）相反，日本人则表现得像一群幼童。按照麦克阿瑟的认识，他们"误入"军国主义歧途，是因为心智不全。这句话的潜台词是，既然日本人心智不全，那么经过坚定不移的引导，外加循循善诱，他们是具备弃恶从善的可塑性的。

19世纪50年代，佩里中将也对日本人的心理有过些许思考，并在海军部向上级做报告时陈述如下："我很清楚，我越是摆出一副不可一世的样子，越是盛气凌人，这些重外表和仪式的人就会越发尊重我。这也正是我报告的主旨，时间会证明这一结论的正确性。"最高司令官的看法与佩里如出一辙。从抵达厚木海军基地、走出机舱时起，到1951年离开日本，他除了在极正式的场合面见过天皇等要员外，很少与日本人接触。最高司令官冷漠离群，摆出一副近乎荒唐的高高在上的姿态。他既对"臣民"夸夸其谈，发号施令，又和历史上的日本统治者一样，保持着与"臣民"的疏远感。这位伟大的民主老师和天皇本人一样不容指摘。

日本人察觉到了二者之间的相似性，但又不得不对之缄口不谈。1946年，东京的某位歌舞表演者唱了一首歌，歌词包含下面这句："人人高谈民主，但一国有二皇，民主从何谈起？"最高司令官的属下接到线报后，这首歌就被禁了。再比如东京的一家歌舞伎剧场，某位名伶的精彩演出引得满堂喝彩。"江户（东京）第一！"某人叫道。"日本第一！"有人跟着起哄。"麦克阿瑟将军！"又有人大喊。剧场里顿时鸦雀无声，因为没人还能想得出比这更高的形容了。除了"太上皇"麦克阿瑟外，日本还有一位天皇，但在剧场里喊他的名字一来十分不妥，二来日本人也明白如今最高司令官才是"大统领"，而不是处在将军卵翼之下的裕仁。天皇自己也是美国人的学生，正被塑造成日本转型的象征。在某些人看来，他依然在位这点衬托出美国人的智慧，说明最高司令官对日本人的心理洞若观火。而对包括许多日本自由派（日本战败意味着他们重获自由）在内的其他人而言，这却是最高司令官最大的败笔。

* * * * *

占领早期，"封建主义"成了概括日本文化一切弊病的关键词。占领军相信，歌舞伎充斥着封建思想。出于某些原因，他们对于朴素高雅的能剧与脍炙人口的文乐木偶戏的看法则不那么负面。表现武士忠臣和自杀场面的歌舞伎作品不是暂时被禁，就是面临严格审查。8世纪的神话故事集《古事记》也遭此厄运，原因是其中收录了一些对古代天皇歌功颂德的传说。此外，神道教中具有神圣地位的富士山也被视为封建思想的有害象征，电影里出现的富士山片段因此被剪掉。至于武士片，自然只能被取缔。

在向一代学生宣传日本皇室是神的后裔、为天皇捐躯无比荣耀之后，老师们如今接到的指令是另起炉灶，讲授"民主"的好处。鉴于新版教科书来不及马上付印，旧版教材得以沿用，只是里面妨碍视听的段落须用墨水涂黑。这个法子还被用来处理印有战舰等日本军事装备的图片。

日本人被灌输"民主"的方式，就好像他们从未听说过这个概念。简单说来，这一过程可用三个S来形容，分别为sex

（性）、screen（银幕）和 sport（体育运动）。作为"民主运动"的棒球得到大力提倡。过去，日本男女在公共场合从不牵手，遑论接吻，如此封建的两性关系让美国老师忧心忡忡。战前的好莱坞大片里但凡出现接吻镜头一律免不了被剪，于是，占领当局下令，今后拍摄的日本电影要有吻戏。第一部试水的影片是《二十岁的青春》，公映后引发了热潮。某位热情洋溢的占领军军官灵机一动，主张通过跳交谊舞这一绝妙的办法帮助日本人摆脱封建思想，继而又在部分农村人口中推广这一新鲜事物。

136

美国人尝试给日本带来民主的做法既高度理想化，又十分天真。理想主义向来是虚伪的温床。尽管日本人被教育拥有言论自由，但批评占领当局政策却是一个禁区。漫画家不得发表讽刺最高司令官的作品。他手下的官员一心想要将美国和美国人树立为道德和诚信的典范，哪能容得下唱反调的观点。约翰·斯坦贝克（John Steinbeck）的小说《愤怒的葡萄》（*The Grapes of Wrath*）因为反映美国的贫困问题在日本被列为禁书，以广岛和长崎原子弹爆炸为题材的书籍和影视作品同样遭到封杀。一方面，当局大力提倡日本人接吻、牵手、跳舞，另一方面又对表现美国大兵和日本姑娘谈情说爱的照片"零容忍"。但既然美国人"崇尚言论自由"，那么占领当局的查禁制度也是提不得的。

美国文化带来的启发也只有在非官方推行（也就是日本人自愿接受时）才能发挥最大的效用。经历了将近十年的文化贫瘠和军事宣传后，多数日本人对任何外来的或"带劲儿"的事物均如饥似渴。战时，"反映个人幸福"的电影断不能在日本上映。如此说来，比起高屋建瓴的"民主"课程，格伦·米勒（Glenn Miller）和贝蒂·格拉布尔（Betty Grable）对解放日本人做出的贡献更大。自 20 世纪 20 年代末至 30 年代初以来，人们还从未如此痴迷于"色情、猎奇和无意义"（ero guro nansensu）：脱衣舞受到热捧，印有美女招贴画的杂志行销一时，它们有着诸如 L'Amour（法语：爱情）、Liebe（德语：爱情）、"夜总会"或"新自由派"等有色情意味的名字。同时，上百万人饥肠辘辘，流离失所，孤儿只能在火车站过夜。不过，要说 1948 年最轰动的事，莫过于一首名为《东京布基伍基》（'東京ブギウギ'）*的金曲，歌词大意如下：

> 东京布基伍基，
> 真带劲，喔唉喔唉，
> 我的心扑通扑通、啪嗒啪嗒跳个不停，
> 全世界的歌，这首欢乐之歌，
> 东京布基伍基。

　　纵然最高司令官手下的清教徒官员一度下令禁止"同当地人员亲善"，还是有日本人主动接近美国驻军。开风气之先的是人称"潘潘女"（pan-pan girls）的业余或职业妓女，她们与大兵"亲善"，换取丝袜、钱、吃的，或仅为一个睡觉的地方。"潘

---

* 布基伍基（ブギウギ）即 boogie-woogie，20 世纪 20 年代开始流行的节奏摇滚分支。——编注

潘女"的揽客场所一般选在被焚毁的公园，或满目疮痍的市中心湿漉漉的弹坑里。她们一身廉价的冒牌美国行头，模仿好莱坞明星的举手投足。既招人羡慕、又背负骂名的"潘潘女"是战后日本率先接触美国商业文化的先驱。与之类似的还有儿童，每个美国大兵身后都能看到他们奔跑的身影，为的是讨要巧克力和口香糖。美国人倒也慷慨，一般会开着吉普车，穿梭在废墟之间，分发这些物品。

厌恶美国流行文化的知识分子在法国文学中寻找寄托。部分老于世故的文人身上透着一种精致的虚无主义情怀。马克思主义杀了个回马枪，很快便重新占领大学校园以及东京和京都的咖啡馆。然而，不论其形式如何及以何面目示人，文娱创作在占领期间蓬勃发展，欣欣向荣。哪怕依旧面临杂七杂八的查禁制度，但时局与军国年代那种令人窒息的限制相比，早已不可同日而语。日本人在拥抱思想和艺术自由一事上无需教导或怂恿。

138

文化其实只是一道掩人耳目的幌子。日本问题的根源同歌舞伎或富士山无涉，主要还是出在了以天皇为中心的"国体"身上。这一神圣体制为践踏公民自由大开方便之门。

对维持"国体"的狂热关切阻碍了包括裕仁天皇在内的战时领导层在广岛和长崎原子弹爆炸前承认战败。部分美国人，尤其是对日本人心理有研究的保守派专家，主张盟军应在这点上予以妥协。举例而言，战前美国驻日大使约瑟夫·格鲁便希望盟军给出维系日本皇室血脉的承诺。但也有人——往往是秉持自由立场的人——坚信这一做法将使任何试图理解现代日本军国主义根源的努力化为泡影。两派之间的矛盾一直延续至麦克阿瑟主政期间。彼时，占领当局分为拥护罗斯福新政的自由派和强硬右派。多数"新政派"成员同麦克阿瑟一样，满怀一腔抱负，但不怎么了解日本。右派则认为自己比前者更了解日本，他们中的一些人有德国血统这一点恐怕纯属巧合。情报系统掌门人查尔斯·威洛比将军（Charles Willoughby）便是一例，他原姓魏登巴赫（Weidenbach）*。

　　1945 年日本投降后，东久迩宫稔彦王†曾临时执掌日本政府两个月。他资质平平，和皇室关系密切。他的副手是曾在侵华战争期间担任首相的近卫文麿公爵。"皇军"是没了，但这二位仍不死心，希望"国体"如故。当然，改革肯定是需要的，但应该是渐进式的，且须划定范围。为此，东久迩稔彦任命了一批特殊的幕僚。日本的战败曾被归咎于国民"没有血性"，满洲阴谋家石原莞尔因此担负了鼓舞日本人士气这项责任。直到 1945 年 9 月，石原仍在发表演讲，大谈亚洲和西方之间即将到来的冲突。幕僚里还有儿玉誉士夫这位粗俗的右翼政坛黑手，他曾在中国的日占区大发横财。1945 年 8 月，儿玉正张罗着为美军设立妓院，为了维持旧秩序，他可谓动足了脑筋。10 月，最高司令官下令废除对言论自由和公民权利的法律限制之后，东久迩稔彦视其政治生涯走到了尽头，随即辞官卸

139

---

*　美国当局的情报系统对战后日本的影响甚大。威洛比自战时即担任麦克阿瑟的情报参谋，战后则掌管驻日盟军总司令部的情报部门。——编注

†　东久迩宫稔彦王为裕仁的妻子香淳皇后的叔叔，1947 年脱离皇籍后，改名东久迩稔彦。——编注

任。石原逃脱了战争罪起诉，对此，他自己也倍感意外。他卒于1949年。儿玉被控犯有战争罪，蹲了几年大牢后继续在右翼政坛扮演不甚光彩的角色，直到1975年前后被曝出卷入一宗巨大的腐败丑闻，方才退出政坛。

　　妄图保卫"国体"的并非只有右翼理论家、战犯和反动贵族们，扮演了更加重要角色的反而是美国外交官眼中的"温和派"——譬如吉田茂。吉田能说会道，是个亲英派，20世纪30年代曾赴伦敦任驻英大使，期间耳濡目染，以至于举手投足间颇有几分丘吉尔风范。吉田在众人眼中是典型的战前自由派，曾在东久迩稔彦内阁中担任外相，并于1946年升任首相。从脾性和气质来看，吉田属于大正时代。在他看来，20世纪 14030年代末至40年代初的那股极端军国主义思潮是日本现代国家发展历程中的一段插曲，虽然不幸，但纯属意外。眼下最好的出路就是复辟旧制度——它曾被武夫玩弄于股掌之间——让一批家长式的文官精英当政，以准民主化手段管理日本。帝制肯定是要保留的，彻底的美式民主在日本会水土不服。不管战前的吉田思想多么开明，从战后看来，他趋于保守。

　　吉田在麦克阿瑟当局内遇到了意气相投的保守派盟友，但司令官手下的"新政派"要除外，他们和他可不是同路人。吉田很巧妙地利用了美国人的内部矛盾，将司令官的部下分为"理想主义者"和"现实主义者"两派。麦克阿瑟本人对这一区分不置可否，这很像是他的为人。将军对于盟军早期的一些做法，诸如解散财阀、废黜"特高课"、赋予妇女选举权、释放共产党等政治犯、建立独立工会，以及颁布一部全新的自由宪法——

是谓重中之重——均鼎力支持。日本左派和自由派对上述改革欢欣鼓舞，吉田等保守派虽高兴不起来，却也无力阻止。可是，在处置天皇一事上，日美两国想到了一块儿。关于天皇在未来该扮演何种角色，司令官大人和吉田的看法并不完全一致，与那些立场更右倾的日本人相比更是差之千里，但他同样是个积极的保皇派。

这一点，仅从一起反映占领时期查禁制度的事件来看，便可窥见一斑。事件虽小，却很不光彩。1946 年，左派导演龟井文夫拍摄了一部名为《日本的悲剧》的纪录片。他择取了部分旧新闻片、剪报和照片，将其拼接在一起，以揭示日本战时宣传的本质。影片里有几个裕仁的镜头，有的是戎装照，有的是便装照，至于裕仁的战争罪行问题，片中亦有明确交代。《日本的悲剧》过审后，先是在一些地方影院试映，原计划之后再在东京上映，可是美国审查员的封杀令说来就来。之所以态度前后一百八十度大转弯，究其原因，是因为吉田对该片颇有微词，遂动用他和威洛比将军的关系，吁请最高司令官封杀该片。

141

据称，下达封杀令的原因是该片"拍摄手法过于激进"，可能"引发骚乱和暴动"。司令官大人执意保留天皇时，援引的也是这套说辞。澳大利亚、英国和苏联方面本想以战争罪起诉裕仁，可麦克阿瑟一再坚称，没了天皇，日本将变得无从治理。这与他认为日本人是一个幼稚的民族、没有天皇指引将兽性大发的看法是一脉相承的。但事实是否果真如此？皇室成员曾希望裕仁退位，为战争担负道义责任。当时的民调显示，多数日本人对此欣然接受，甚至持欢迎态度者也大有人在。但司令官阁下持反对意见，他就像明治日本之前的历任将军一样，一心想利用天皇的象征意义，将其塑造为一尊自授权力合法性的"神龛"。吉田首相等保守派之所以最后同意实施麦克阿瑟的全套改革方案，一大原因就在于他们担心这尊"神龛"在为其所用之前，就会被人夺走。这可是"国体"的最后一丝痕迹。

不过，在此之前，司令官大人要先剥离皇权的政治权威和宗教神秘性，而这又牵涉到体制和宪政改革：神道教仪式和政务须做到"政教分离"，天皇将成为"国家统一的象征"，而不是一位神圣的大祭司。这还不够，还要在公关上巧施妙计。天皇角色的转型可以在一张官方照片中找到缩影。照片摄于1945 年 9 月，地点是美国大使馆，天皇来此觐见最高司令官。麦克阿瑟穿着领口敞开的衬衫，双手悠然自得地插在后兜里，身材高大地站在天皇身侧，更加反衬出这位君王的矮小。裕仁一身朝服，嘴巴微张，人站得笔直。这张照片被发给所有日本报章使用。除非观者愚钝无比，否则不可能察觉不到其中隐含的美日关系实质。

1946 年 1 月，在美国老师的训导下，裕仁发表了《人间宣言》[*]，表明自己非神。此举大大触怒了日本保守派。一个月后，日本出台了新宪法草案，其诞生过程经历了一番曲折。先是司令官大人要求日本法学家修改原有的明治宪法。无独有偶，这些人基本都是吉田那样的"温和派"名流，素以亲英闻名，可

---

[*] 日语中"人间"意指"人类"。诏书前半引用《五条御誓文》并提及日本的战后建设发展，故又被称为《关于新日本建设的诏书》或《年头、国运振兴的诏书》。后半部中以百余字否定天皇作为"现世神"的地位。——编注

他们接受的是德国法学传统的训练，对美国人那套"主权在民论"很是陌生。他们均认为没必要修改明治宪法，试图说服美国人相信明治宪法是日本远古传统的一部分，若想用一个截然不同的文明所孕育的产物取而代之，是万万行不通的，这就好像有些植物只能生长在特定的土壤中。法学家们似乎忘了，明治宪法从根本上来看，基本照搬了普鲁士宪法。总而言之，他们仅仅做了一些小修小补的工作。此事经媒体曝光后，多数日本人对他们嗤之以鼻：又是远古传统这一套。

将日本法学家免职后，麦克阿瑟责令其民政局局长科特尼·惠特尼（Courtney Whitney）组建了一支美国团队，起草宪法。惠特尼在战前曾担任麦克阿瑟的私人律师。这项任务的预定工期是一周。为此，一群年轻而缺乏经验的美国人把自己关在司令官总指挥部的舞厅内，足不出户。出生于维也纳的二十二岁犹太姑娘贝雅特·西洛塔（Beate Sirota）*负责起草关于社会权利的条款。为了了解制宪过程，她从图书馆借阅了其他国家的宪法。其中，苏联和魏玛德国的宪法派上了大用场。年轻的海军少尉理查德·普尔（Richard Poole）授命起草有关天皇新地位的法条。正是在他笔下，天皇从"亦神亦人"蜕变为一个"符号"。贝雅特·西洛塔则将男女平等的特别条款写入了宪法。

宪法译成日文后，有一部分读起来格外拗口，但事后证明这部法律是占领时期最深入人心、生命力最持久的事物之一。

---

*　全名是贝雅特·西洛塔·戈登（Beate Sirota Gordon）。

吉田在内的保守派虽不喜欢"和平宪法"*，却无奈只能接受，日后还学会了令其为己所用。然而，日本社会中有一群人恨透了新宪法，他们虽人数不多，但时而声势浩大，极具影响力，这些人便是极右翼。天皇乃区区象征物的新身份固然令他们大为不满，但激起其怒火的还是第九条。这是新宪法中最激进的一项创举，旨在剥夺日本保留武装力量和发动战争的主权。即便是年轻的理查德·普尔，也对宪政和平主义是否现实表达过自己的疑虑，但他很快得知颁布指令的是将军本人，那也只好这样了。

好在极右翼在 1946 年并不招人待见，多数日本人欣慰的 是不用再上阵打仗了。不光如此，宪法第九条让他们心中涌起一股道德自满的情绪：我们可是历史上第一个和平主义国家。然而，这一战后早期理想主义的伟大标志造成了始料未及的后果，导致明治时期遗留的一大主要问题依旧悬而未决。1882 年颁布的《军人敕谕》规定，帝国军队效忠天皇，而非国家。这将战争问题从议会政治中抽离出来，抬升到了非天皇而不能定夺的层面，而天皇是不用被问责的。由于日本的军事大权从今往后都将掌握在美国手里，不被问责的皇权只是从东京转移到了华盛顿。这一安排让不少日本人和外国人更有安全感，但对于在亟须讲民主的军事领域强化这一制度，却毫无助益。

---

* "和平宪法"对日本社会影响至深，其中较为著名的是第九条"放弃发动战争的权利"。——编注

* * * * *

　　除了对日本人进行思想改造外，还要给他们上一堂历史课。光惩罚是不够的，要让日本人务必认清他们所犯下的罪行。在遍及东亚和南洋的战场上，那些为"圣战"干脏活的日本人面临着两种下场：要么上绞架，要么蹲大狱，而且在此之前未必都经过审判。话说回来，最终的清算发生在东京的原帝国陆军总部，这里也是小说家三岛由纪夫几十年后切腹自杀的地方。1946 年 5 月至 1948 年 11 月期间，包括苏联在内的十一个同盟国派出的法官齐聚此地，对那些以天皇名义发动战争的军事将领、政客和外交官进行审判。这些人当中有南京大屠杀的责任人松井石根大将、策划"满洲事变"（九一八事变）的部分阴谋家、做出偷袭珍珠港决定的领导人、一意孤行发动侵华战争和出兵东南亚的首相和外交官、一位右翼理论家（他在审判时凭借装疯得到豁免*）以及天皇最亲近的幕僚。这群卑劣之徒中，唯一缺席的就是天皇自己。

　　远东国际军事法庭的模板是纽伦堡军事法庭。不管在纽伦堡，还是在东京，用来追究被告策划和实施侵略罪行的都是可溯及过往的新法……。日本人同德国人一样，也被控犯有"反人类罪"。之所以创造这一新型法律类别，目的在于制裁纳粹的种族灭绝行径。法官们在日本和德国的对外战争中寻找相似

------

*　即大川周明，鼓吹对外战争的右翼理论家，在远东军事法庭受审期间，他不时裸露身体，喧哗叫嚷，还以手频击坐在身前的东条英机的秃头，靠装疯卖傻逃脱了法律的制裁，事后他对此予以承认。

之处。尽管日本政府未制定全面种族灭绝的政策，南京大屠杀这一最令人发指的战争暴行仍被赋予了奥斯维辛般沉重的象征意义。在东京，垂头丧气的被告茫然地盯着控方。总的来讲，他们和纽伦堡被告席上的纳粹分子还是有很大区别的。戈林 *、赫斯 †、里宾特洛甫 ‡、弗兰克 § 等人是 1933 年夺权的罪恶政权的党羽，而东京审判的被告当中，有不少人都是受过良好教育的士绅，是老派的文官精英，早在战前就统治着日本。其余的都是军人。

　　日本没有纳粹党，也没有希特勒这样的元首。日本人的罪行罄竹难书，但这些罪行是以"国体"的名义犯下的，天皇又是"国体"的神圣领袖，他曾训导每位陆海军士兵"视长官命为朕命"。但既然麦克阿瑟认定天皇是清白的，不用出庭受审，哪怕作为证人也不行，那么东京审判这堂历史课的意义不仅大打折扣，而且还具有一定的政治危害性。军国主义者不得不承担所有罪责：是他们将天皇引入歧途，并误导了日本人民。裕仁通常比手下将领更清楚局势，但这一点被轻描淡写地搪塞了

146

---

* 　赫尔曼·戈林（Herman Göring，1893—1946），纳粹德国空军总令，"盖世太保"的创立者。纽伦堡审判后，刑前一天服毒自尽。

† 　鲁道夫·赫斯（Rudolf Hess，1894—1987），纳粹德国政治人物，曾任纳粹党副元首，1987 年死于柏林施潘道军事监狱。

‡ 　约阿希姆·冯·里宾特洛甫（Joachim von Ribbentrop，1893—1946），纳粹德国外交部长，纽伦堡审判后被判处死刑。

§ 　汉斯·弗兰克（Hans Frank，1900—1946），曾任纳粹党的高级律师，纳粹上台后，先后任不管部长、纳粹党法律事务全国领袖、德意志法学院院长等职务。1939 年后担任波兰占领区总督，积极推行灭绝犹太人计划，并屠杀了大量波兰人，1945 年因战争罪和反人类罪被判处绞刑。

过去。同样遭到粉饰的还有日本民众对海外军事冒险表现出的巨大热情——至少战争初期是这种情况。这样说来，倘若一个对所有事都负有正式责任的人是无辜的话，那么的确很难理解那些自认为在执行圣令的人凭什么被判有罪。

这场审判在日本电台里实况直播，媒体也连篇累牍地进行报道。但多数民众饥肠辘辘，压根没心思关心什么历史教训。当然，南京大屠杀、马尼拉浩劫等不计其数的日军暴行一经曝光，舆论一片哗然。同样令人惊愕的是，有证据显示，政府从头到尾都在欺骗国民。普通人当中鲜有同情甲级战犯的，大多认为他们罪有应得。他们当初将日本带向战争，最后落得一败涂地，那就应该担起责任来。然而，最高司令官对天皇的豁免使得最重要的一条教训黯然失色——例如政治责任问题、"国体"的本质以及帝国意识形态和对其他亚洲人所犯罪行之间的联系。要是所有日本人——军国主义者除外——都和他们的天皇一样清白而无辜的话，那么他们自己也是受害者咯；要是在中国屠杀平民是罪行的话，那么在广岛和长崎投下原子弹也理应被视为罪行。对，还不光是这两个地方，东京、大阪等城市遭受的大轰炸都应该算上。简言之，麦克阿瑟让日本人逃脱了制裁。

这场精心布局的审判只有一次险些因为真相而穿帮。1947年12月，东条英机站上了被告席，他在太平洋战争爆发伊始担任首相。这位戴着圆框玳瑁眼镜、秃顶、一口龅牙的将军是美国人心目中"邪恶日本人"最形象的写照，可谓日本军国主义的"傅满洲"*。人们不惜在黑市上一掷千金，想要一睹他在审判席上的风采。不同于百般抵赖的同僚，东条愿意为战败承担责任，但他出现了严重的失言："我们（日本人）没人敢违抗天皇的旨意。"检控方的盘问环节因此缩短。有人对东条施压，要求他更改证词。一周后，他十分配合地改口称，天皇向来热爱和平，祈盼和平。

1948 年 12 月 22 日，这一天寒冷而阴霾，包括东条在内的七名日本被告简单用过一餐冷米饭配清酒的"上路饭"后，在巢鸭监狱被处以绞刑。该监狱于 20 世纪 70 年代被拆除，原先竖立绞架的地方，一栋名为太阳城的摩天大楼拔地而起。依然有人缅怀东条将军，他在 90 年代一部脍炙人口的战争片中被描绘为英雄。但是其他人，像荒木贞夫、板垣征四郎、木户幸一等战犯则多数已为人淡忘。那些对东京审判揪着不放的与妄图修改宪法第九条的恰恰是同一批人，是那些否认日本比其他参战国更加罪孽深重的右翼史学家、新闻记者和政客。他们将东京审判留下的历史教训贬为美国的政治宣传。在他们看来，日本的左派今后也会这么干。

---

*　Dr. Fu Manchu，傅满洲是英国小说家萨克斯·罗默创作的傅满洲系列小说中的虚构人物。一百多年来，"傅满洲"一直是西方人想象中"黄祸"的脸谱化代表，是一个阴险狡诈的中国人，在唐人街建立了一个随时准备颠覆西方世界的黑暗帝国。这一形象的深入人心，充分反映出了在特定历史时期，西方世界对东方世界的严重误解、歪曲和丑化。

＊　＊　＊　＊　＊

日本左派也有理由愤愤不平。起初，"新政派"在位时，"封建思想"是最高司令官当局主要的眼中钉，这一时期，社会党人和共产党人不仅获释出狱，还被积极动员为改革出力。他们热情洋溢地投身改革洪流。一腔热血的日本官僚修改了《劳动法》，日本的工会有史以来第一次手握实权，领导他们的一般是共产党，引得几百万工人纷纷加入。罢工和游行屡见不鲜，工人偶尔还会接管工厂，甚至扬言要冲击皇宫。马克思主义学者绘就了计划经济的蓝图。"新政派"、日本官僚和马克思主义者在国家干预经济一事上达成了默契。1947 至 1948 年，日本选出了首位社会党首相。诸多重大的改革举措中，有一项是土地再分配：土地从大地主名下流转至佃农手中。土改得到了美国人的支持，但负责实际策划和执行的是日本官僚。这既是一项进步举措，令左派为之叫好，又杜绝了那种助长共产党势力的农村骚乱。穷苦的生活造就了佃农彪悍的民风，换到过去，他们是日本"圣战"中最骁勇的兵员来源，但现如今，一个全新的小农阶层应运而生，附带产生了一种意想不到的后果：时至今日，他们依然帮助保守派占据着执政党地位。

另一种始料未及的情况是，麦克阿瑟的改革导致日本官僚和民选政治家的权势此消彼长。新成立的通产省（MITI）负责制订中央经济计划。"新政派"相信，私人大企业是日本帝国主义产生的元凶，要想解决这一问题，就要将这些企业的所有权从家族所有者手中夺过来。这项任务同样交由官僚代为操

办。但事实上，恰恰是这些人将财阀并入了战争经济，且往往 149
与企业主的意愿相违背。由于骨子里敌视大企业，美国左派不
经意间赋予了这些机构更大的权力，殊不知正是它们将日本推
向了战争。这么做的后果就是政治家成了游走在企业和官僚利
益之间的掮客。

那么这场原本反封建、改良式的运动是从何时开始改弦更
张，成为保守派打着各种幌子，对共产主义实施的一场镇压呢？
很难给出具体的时间。美国银行家和商界领袖从一开始就不看
好司令官大人的改革。1947 年，因为担心共产党搞垮日本经济，
麦克阿瑟感到有必要取缔原本定于 2 月份举行的一场大罢工。
日本的通胀率居高不下，警钟已经敲响。很快，其他措施相继
出台：公务员被禁止参加罢工，私人财阀虽遭解散，但力度较
原计划已大大减弱。吉田等保守派乐见最高司令部内的"现实
主义者"逐渐占据上风，压倒"理想主义者"。然而，在起先
备受鼓舞的日本左派看来，他们被美国人背叛了。

局势的反转有两种解释。一种是 20 世纪 40 年代末美国国
会成了共和党的天下后，华盛顿再也不愿用美国纳税人的钱帮
扶日本了。另一种是毛泽东领导的共产党在中国内战中胜券在
握。乔治·凯南（George Kennan）* 等强硬派高官一致坚持，
是时候把民主理想撇在一旁，集中精力复苏经济了。1949 年，

---

* 乔治·凯南（1904—2005），美国外交家和历史学家，遏制政策提出者，主张加强
美国同西欧等国的关系，以军事包围、经济封锁、政治颠覆，特别是局部性的武
装干涉和持续的政治冷战来遏制苏联及其他社会主义国家的发展与影响。其主张
对战后美苏、美日关系影响重大，也是美国对日政策修改的因素之一。——编注

作风强硬的银行家约瑟夫·道奇（Joseph Dodge）被派往东京，　150
帮助控制通胀，平衡预算。根据"道奇计划"，日本工人和消费者应为民族大义做出牺牲。有了官僚中能人的领导，再加上东南亚的原材料，出口外向型工业将成为日本复兴的引擎，为对抗共产主义筑起一道屏障。针对政府、工会和私企内部潜在麻烦制造者的"红色肃反"，让本土的左派人士挨了整。

司令官阁下虽然从来算不上是"赤党"的朋友，对此却高兴不起来，因为他自感对日本政局的控制力在下降。然而，所有这一切在日本保守派眼里都不啻为利好消息，他们正团结起来，形成一个新的精英阶层——其中不乏受到信任的老面孔——一个由官僚、政客和大企业领导层构成的群体。从许多方面来看，新权贵同20世纪20年代的旧精英很像，区别是再也不会出现权欲熏心的将军们钩心斗角这一烦人的现象了。道奇抑制通胀的措施造成大批民众失业，帮助日共在1949年的大选中拿到了10%的选票，但吉田茂的自由党还是以巨大优势胜出。

次年爆发的朝鲜战争为日本经济的腾飞提供了助燃剂。美军预先毫无准备，以大银行为班底完成重组的财阀充当起他们的供应商，一切物资应有尽有，且售价不菲。左派、自由派与和平主义者对于"改弦更张"*本就耿耿于怀，眼看着日本又被卷入一场亚洲内部的军事冲突，更是气不打一处来。而在一支

---

* 指前面提及的改革力度减弱、对罢工的限制，以及麦克阿瑟主导的战后日本农地改革内涵的隐性改变。二战后麦克阿瑟的农地改革较为符合日本左派、自由派等人士的主张，但随后美国政府因为冷战政策的需要而扶植日本大企业经济，削减日本工人民众利益，遂激起他们不满。——编注

名为警察预备队、实则同军队无异的"自卫队"成立后，矛盾
彻底爆发。自卫队是华盛顿方面违背麦克阿瑟的意愿、罔顾其
有违"和平宪法"的事实，执意强塞给日本政府的。可是，经   151
济在增长，对于一个饥饿的国度而言，这比什么都重要。除开
上百万在战火中殒命的朝鲜人和韩国人外，朝鲜战争另一大牺
牲品就是司令官大人的仕途。纵然他在仁川打了胜仗，麦克阿
瑟的自高自大还是惹恼了杜鲁门总统。在司令官大人公开声明要
将战火烧到中国，如有必要甚至不惜动用核武器后，他被革职了。

　　日本国内对此的反应令人讶异。尽管左右两派均心存不满，
但自由立场的《朝日新闻》对麦克阿瑟感恩戴德，感谢他教会
了日本人"民主与和平主义的真谛"，并带领他们"心怀仁爱
地走上了光明大道"。这还没完，报纸继续歌功颂德，想要温
暖司令官大人的慈父之心："似乎是欣喜于自己的孩子终于长
大，他对日本这个昔日的敌人一步步迈向民主满心欢喜……"
天皇亲自拜谒麦克阿瑟，感谢他所做的一切。在将军的专车驶
往羽田机场的路上，数十万眼含热泪、挥舞纸质小旗子的日   152
本民众夹道欢送。当天学校停课。NHK 电台里播放着《友谊
地久天长》（"Auld Lang Syne"）这首歌。吉田首相挥手致意，
目送 1945 年载着麦克阿瑟抵达厚木机场的"巴丹号"（Bataan）
专机最后一次飞离日本。

　　尽管有过倒退，但是麦克阿瑟的使命总体上可以说圆满完
成了。不论结果是好是坏，他的一腔抱负如今被融入了宪法。
日本人除了普选权和言论自由以外，理论上还拥有自由且不受
歧视地追求幸福的权利。军国主义似乎已彻底灭亡，而随着议

会民主制的建立，从坂本龙马到福泽谕吉，从民权运动家到战
后民主派，几代人的夙愿似乎终于成真。然而，司令官大人留
下的遗产存在着一些深刻的缺陷。和平主义的代价是国防完全
依赖他人。右翼复仇思想因此阴魂不散，人们对于宪法也呈现
出两极分化的态度，而这一问题本不应造成分歧。战争罪审判
和宪法给日本人留下了如何处置皇权这一悬而未决的问题，也
令他们对自己的过去纠结不已。至少从某方面来看，日本成了
那个极力想改造它的国家的某种扭曲镜像：在崇高理想的映衬
下，缺陷却也更加明显。

152

第七章

1955年之散记

　　1948 年的圣诞夜，一位身材瘦削、穿着寒酸卡其制服、头戴鸭舌帽的中年人从巢鸭监狱获释。他的两瓣柔唇一咧，露齿一笑，坐上一辆美军吉普。作为甲级战犯的岸信介刚刚结束了在巢鸭监狱的三年刑期。珍珠港事件爆发之际，他在东条将军手下担任商工省大臣。在此之前，他是"满洲国"的工业大总管，堪称日本的"阿尔伯特·施佩尔"（Albert Speer）*，战时曾负责军需和劳工事务。倘若说打天下要靠军人的话，那么守天下要靠的就是他这样的人。

　　旧雨新知，岸信介在巢鸭监狱里都遇上了。和他一间房的狱友名叫笹川良一，20 世纪 30 年代期间曾担任一个小型法西斯政党的党魁，还因为在中国占领区从事敲诈勒索而声名狼藉。战后，笹川靠着见不得人的手段（比如开设大型赌场），大举

---

*　阿尔伯特·施佩尔为纳粹德国的首席建筑师、军备部长。——编注

敛财。战时结下的人脉和大笔来路不正的资金，奠定了他在战后保守主义政坛不可一世的幕后大佬地位。笹川和岸信介于同一天获释。用不了十年，后者就将坐上日本首相的宝座。

不过，1948年掌权的依然是吉田茂。尽管两人活动的圈子都很高调，但岸信介和吉田都不喜欢对方。出生于土佐地区的吉田身为民权运动家之子，是个名副其实的保守派；反观岸信介，祖上是长州藩士，自然会拥护狂热的日本右翼。吉田行事生硬，人们说到他，至今还会记起他曾在国会怒骂一位社会党议员是"该死的蠢货"；相形之下，岸信介为人处世更圆滑，也更有魅力。然而，自从踏入东京帝大时起，直至自己漫长的仕途结束，岸信介出于本能，一向站在自由主义的对立面。年轻时，他崇拜北一辉这位1936年军事政变背后的国家社会主义煽动家。在当年那场美浓部和右翼对手的宪政大辩论中，岸信介倒向了极端民族主义阵营。在"满洲国"任职期间，他与东条英机和关东军走得很近。1939年，他赞成和纳粹德国缔结同盟。面对商界与军界之间的纷争，他选择支持后者。被关押在巢鸭监狱期间，他依然认为日本发动的是一场"正义战争"。

尽管岸信介在战后摇身一变，成了民主制的捍卫者，他的政治信仰从某些方面来看依旧带有鲜明的战前色彩。战争爆发前后，他曾标榜自己是国家社会主义者：崇尚威权、民族主义，但从他视计划经济为强国富民正道这一点来看，说他是社会主义者也不为过。他从来都不相信自由放任或盎格鲁—撒克逊式自由资本主义那一套。1953年，岸信介公开表示反对"放任式"政策。他指出，日本需要的是中央集权式的产业规划，"务必精心实施——比如俄国的五年计划"。发表这番言论之前，他刚刚造访过西德（联邦德国），满心欢喜地邂逅了老同事、原纳粹经济部长希亚尔玛·沙赫特（Hjalmar Schacht）。岸信介治理经济的思路过去十分接近日本的主流思潮，日后亦复如是。

* * * * *

　　在围绕保守派领导权的争夺中，岸信介鼓动人们相信吉田对麦克阿瑟卑躬屈膝，是个"美国小子"，是那种好"日本佬"，唯司令官大人的马首是瞻。这么说吉田有失公允。1951 年，麦克阿瑟搭乘飞机返回美国时，约翰·福斯特·杜勒斯（John Foster Dulles）正在前往东京的途中，他的身份是负责与日媾和的特使。两人通过电台，"地对空"商讨此事。杜勒斯得到指示，要求他对日施压，责令其建立一支像样的军队。吉田，以及麦克阿瑟，在这件事上已经和华盛顿周旋了好几年。麦克阿瑟在1948 年表示这么做会违背他的原则，会让美国人在"日本人民眼中显得无比可笑"。即便上头盯着他，要他责成日方组建一支国家警备队，他却依然念叨着日本应成为"太平洋上的瑞士"，虚与委蛇，能拖则拖。1950 年，朝鲜战争爆发后，违令不遵已无济于事。于是，七万五千名日本"警官"身穿淘汰下来的美军军装，接收了机枪、坦克和巴祖卡火箭筒等一批武器装备。吉田自欺欺人地认为这些帝国陆军老兵不是真正的军人。他们被部署在工业区周边，镇压共产党骚乱，但不久之后，这支警备队的装备变得更加齐全，并更名为日本自卫队。

　　杜勒斯要的可不止这些，他希望日本有一支三十五万人的军队。吉田对这一明确违反"和平宪法"的举动予以抵制。他警告称，这么做会引发巨大的动荡，不光日本要遭殃，还会波及整个亚洲。为了证明这一点，吉田私底下还邀请社会党成员在他办公室门前抗议示威。他把自卫队的人数控制在七万五千人。最终，双方达成妥协，吉田视之为一场胜利。美国将无限期且不受限制地享有在日驻军的权利；冲绳会成为美国政府管辖下的巨型军事基地；日本也承诺将来会承担起本国防务的责任，但未给出具体时间，这一天来临之前，日本的国家安全将交由美国负责，而它自己则可以放手将全部精力倾注在政府主导的工业发展上。1951 年 12 月，美日两国在旧金山同时签署《旧金山和约》和《美日安保条约》(Treaty of Mutual Cooperation and Security between the United States and Japan)。日本重获主权，但仅仅是有限主权。"和平宪法"的问题无人再提，"吉田路线"就此诞生。

　　军事占领的结束意味着日本人总算可以发泄内心的不满了。在左翼知识分子、日共和工会领袖的煽动下，学生和工人于 1952 年的五一节这天发动了大规模游行，抗议《美日安保条约》。示威人群在皇宫广场与警方发生了冲突。警方开了枪，还动用了催泪弹和警棍。冲突造成两人死亡，多人严重受伤，混乱中还有人遭踩踏。这场镇压并未浇灭日本知识分子和左派胸中的怒火。他们常对苏联抱有幻想，出于负罪感，同中共团结一心，意欲摆脱和美国签订的安保协定。日本曾妄图成为一个西式的帝国主义强国，为了表示对这一历史错误的忏悔，这一次，日本要和亚洲邻国站在一起，再也不同他们兵戎相见。
归根结底，"和平宪法"里关于放弃使用武力的声明，指的就
是这层意思。日本左派将麦克阿瑟将军颁布的宪法第九条奉为
圭臬，视同神谕。

　　岸信介等右派既渴望在冷战中与美国形成统一战线，同时
又主张修宪，更改涉及天皇世俗新地位的第九条和第一条。吉
田等务实的保守派则乐见美国人对付共产党——日本只需管好
自己的事即可——并希望宪政之争就此偃旗息鼓。可以说，这
种愿望既实现了，也落空了。想要修宪，需要三分之二的国会
议员表决通过。鉴于这一点不太可能发生，右派的怨气便以各
种形式爆发了出来：暴动、围绕日本战时历史的口水仗、教科
书风波、反美言论以及满大街跑的广播车，车上的暴徒身穿军
装，高喊右翼复仇主义口号。

　　20 世纪 50 年代是日本电影的黄金时期，小津安二郎、沟
口健二和黑泽明佳作不断。然而，电影也是呈现左右两派反美
情绪的绝佳载体。右派的代表作如《战舰大和》和《太平洋
之鹫》歌颂了帝国海军的英勇气概以及无所畏惧、无可指摘的
海军将领。左派也推出了《广岛》这样的宣传片。这部得到激
进的教师联盟赞助的影片将原子弹爆炸描绘为一起种族主义行
径。影片结尾有一幕：美国游客来到广岛，购买用罹难者骸骨
制成的纪念品。同样红极一时的还有讲述美国兵在军事基地周
边奸淫妇女的准色情片。这类"黄片"十分走俏，是红火的性
产业中的重要一环。部分银幕幻想流露出鲜明的恶意。在一部
脍炙人口、后被翻拍成电影的连环画里，爱国的女主人公、一

位身患性病的日本妓女为了让美军染上梅毒，不断地和美国兵上床。这一主题后来还被移植到了东京上演的一部名为《立川飞行场：被强夺的整整十年》的滑稽戏里。

即便广岛和长崎是反美和平主义思想的主要标志，日本左翼也没有粉饰本国犯下的战争罪行，相反，20世纪50年代，日本国内对战争的批判要甚于德国，间或造成严重的后果。以反省为目的、将自己在华期间所施暴行记录成篇的陆军老兵被人诬陷是共产党；出版社面对右翼暴徒的威胁，只得将书下架。话说回来，知识分子圈和颇具声望的教师联盟宣扬的"正确路线"又太过教条：在同日本资本主义、帝国主义和"天皇体制"斗争的解放战争中，中共是英勇的自由战士；广岛原子弹爆炸应将日本塑造为一座和平灯塔；亚洲范围内的新敌人是美帝国主义及其日本走狗云云。

以岸信介为首的右翼不依不饶，坚称日本的战争是正义的。这一问题逐渐取代了围绕宪法而生的必要的政治辩论。每当左派直陈日本战时行径罪恶滔天，并以此为据主张宪政和平主义时，右派就会矢口否认日本有罪，或者就算有罪，也不会比其他参战国更加作恶多端。教师联盟和保守的文部省之间旷日持久的教科书风波便是这一政治分野的例证。1953年，美国副总统理查德·尼克松（Richard Nixon）谈及宪法第九条时，称这是"无心之失"。这一条款使得日本人在对待本国近代史时分歧严重，个中理由与历史无涉。日本的大众媒体围绕战争论战不断，其中一大特色是专业史学家旗帜鲜明地置身事外，他们倾向于只在学术刊物上发声。

＊＊＊＊＊

　　左派要不是那么僵化教条、擅长内斗的话，或许在战后的日本会有更大的建树。经过 1952 年的暴乱，日共开始显出颓势。它本想将边缘弱势群体如朝鲜人、社会弃儿和散工团结在红旗之下，但是疾风骤雨式的整肃和排除异己的做法令其越来越边缘化。反观面临左右之争的社会党，则依旧掌控着下院近三分之一议席，时而多些，时而少些。他们有全日本最大的同业工会撑腰，后者势力依旧如日中天，为首的均是强硬的左翼人士。保守派则分裂为民主党和吉田麾下的自由党两大阵营。

　　到了 1955 年，一度有迹象显示社会党可能掌权。左右两派冰释前嫌，合并为"日本社会党"。这对自由党和民主党形成了触动，两党在一系列相互中伤和使绊子后，组建了"自由民主党"（简称"自民党"）。除了促成这桩联姻的岸信介外，大企业也在背后加以推动。自民党首任总裁是鸠山一郎。同岸信介一样，鸠山也是旧"国体"精英中的元老，曾因在 1930 年代弹压言论自由而遭到麦克阿瑟的清算。这一政坛新格局日后得名"55 年体制"*。

　　1955 年 12 月，就读于京都大学、即将成为享誉世界的知名导演的某位激进青年在日记中写道："战后十年，民主力量表面上看似遭遇挫折，实则取得了进步。狂暴浪漫主义的时代已经走到了尽头，人民如今当家做主，我们步入了一个务实的

161

* "55 年体制"虽在法治上维持执政党自民党与在野党日本社会党的两党制，实际上是自民党一党执政。——编注

时代。"但用不了几年，大岛渚的上述幻想就会化为泡影。

　　日本社会党自诞生之初就面临着一个先天性缺陷，而且还是自身造成的。一方面，左右两派合并后，左翼独揽党内大权。尽管和平主义在日本深入人心，社会党奉行的纲领却是在亚洲范围内领导工人革命，反抗资本主义，这与多数日本人的务实抱负相去甚远。另一方面，自民党很快将"55年体制"变成了"自民党体制"，在大企业、华府、高级官僚和一个偏向保守农村地区的选举制度的帮助下，自民党打造了一台强大的政治机器。金钱是其运转的根本，来自建筑公司、黑帮、实业界、中情局和贸易公司的政治献金通过一张利益勾兑的网络，流进流出。只要钱源源不断流向自己的票仓，长袖善舞的各派系成员便有望终身连任议员。派系的核心是手握实权的大佬，他们轮流坐庄，出任党魁和首相，这样一来，人人都有机会分得一杯羹。想要运转顺利，"自民党体制"离不开幕后的操盘手，诸如笹川良一和儿玉誉士夫等昔日的投机分子便有了用武之地。每位自民党首相上任之初都立誓要打破派系政治，但无人成功。社会党直到四十年后才重新掌权，但不久即黯然下野。

　　这样说来，导演大岛渚所言不虚。一个新时代即将来临，只不过这个时代和他预想的不太一样。1956年的日本人陶醉在一句新口号中："战后时期已经终结。"这也是《经济白皮书》的开篇词，这份文件拉开了将近四十年高速经济增长的序幕。日后，尽管日本知识界和政界普遍将经济成就归功于古代的日本美德——服从、自我奉献、勤勤恳恳，抑或是"民族性格"——譬如心灵手巧、高度敏感、集体意识，但不得不承认战后繁荣

既有日本人自己的功劳，也要拜美国人所赐：论贡献，麦克阿　163
瑟和道奇与战时官僚和保守派政客难分伯仲，在他们的努力下，
日本实现了从战前"国体"向"自民党体制"的平稳过渡。

* * * * *

不过，激进左派的颓败还体现在另一场动荡中。岸信介于
1957 年当选首相后，一心想要一劳永逸地解决悬而未决的宪
法问题。日本若要恢复独立主权国家地位，就得修改"和平宪法"
和《美日安保条约》。《安保条约》授权美国在日本领土上为所
欲为，不少日本人——有左派也有右派——不由联想起 19 世
纪 60 年代的不平等条约。美军基地不断遭到愤怒民众的袭扰。
岸信介意欲修宪，不仅因为他是民族主义者，还因为他希望见
到一种两个保守派政党相互制衡的体制。他相信，只要对宪法
尚无基本共识，且日本继续蒙受不平等条约之耻，那么日本政
坛就仍会深陷激进左翼和保守党之间的纷争，加上后者独揽政
权，极易造成腐化。撇开他过去的种种劣迹不谈，岸信介的这
番分析事后证明十分正确。

为了给日本走向自强铺平道路，岸信介先是不辞辛苦地
出访东南亚，为日军暴行道歉。他还在华盛顿同艾森豪威尔
（Dwight D. Eisenhower）总统一起打高尔夫球。尽管如此，
修宪的尝试还是无果而终。但他仍极力拉拢左派和保守派来支
持他修改《安保条约》。问题在于，信任旧官僚的人实在寥寥　164
无几。政府原本计划扩大警方职权，结果事情搞砸了，引发了

国会大厦外的一场骚乱。岸信介还在学校里推行"德育"，此举颇有战前爱国主义宣传的遗风，无怪乎社会党人对于修改《安保条约》会一反常态，转而坚定不移地站在了他的对立面。

华盛顿方面答应他的改进不足为道，无非是今后部署美军兵力和装备时会同日本人"商量"。艾森豪威尔计划造访东京，落实了新协定，这多少算是有些成果，但还不够。到了1959年底，学生中的激进派开始冲击国会，朝门上撒尿泄愤。参与示威者先是几万，后扩大至几十万人的规模，警方设立的路障被捣毁。在和平主义爱国思想的感染下，憎恶岸信介的自由派报纸纷纷声援抗议《安保条约》的活动。警民冲突中，一位年轻姑娘遭踩踏身亡。不久后，将近一百万人涌上街头，用英语高喊"美国佬滚回去"！

社会党总裁浅沼稻次郎直言"美帝国主义"是"中日两国人民共同的敌人"。他被一名右翼暴徒刺杀身亡，这一幕重蹈了战前日本政治的覆辙。艾森豪威尔总统的特使在乘车离开机场途中遭遇暴徒袭击。纵然各大帮派在老政治煽动家儿玉誉士夫的组织下承诺协助警方为艾森豪威尔开道，总统的日本之行还是取消了。一时山雨欲来，革命似乎近在咫尺。所有针对旧秩序的憎恨和猜忌，以及对美国的反感（人们指责美国扶植旧秩序的说法不无道理），仿佛黑云压城一般，笼罩在东京街头。岸信介曾动过征调自卫队的念头，好在最后还是放弃了这个想法。

1960年5月，国会内部一样也不太平。条约在奏报下院批准时遭到社会党人的抵制，他们先是想方设法阻碍辩论，接着还把议长关在办公室内。曾在远东军事法庭担任东条英机辩护律师的议长只好下令让防暴警察冲进来，把他救出去。子夜过后，在警方的保护下，自民党强行通过决议，在没有一名社会党议员在场的情况下，批准通过了条约。岸信介赢了，但也只是险胜。他自知必须下野，有人想要他的命。他的仕途在战后曾柳暗花明，大放异彩，如今再度走向终点——表面上是这样；暗地里，他依旧操纵着局势，不容小觑。

倘若说作为公众人物的岸信介大势已去，同样的话还可以用来形容激进左派。1960 年，日本曾爆发过一场历时数月的血腥罢工。罢工方是煤矿工人，起因是政府采用石油应对日本能源需求的决定导致了矿工失业。20 世纪 60 年代末至 1970 年代，抗议越战的学潮层出不穷，但并未造成多大影响。如同后来的德国和意大利，日本的激进左派中也分裂出若干残暴的派系，其成员通过劫机、投放爆炸物等方式以达到推动世界革命的目的。然而，60 年代那段风云岁月一去不复返。招人厌的岸信介充当了吸引公众怒火的"避雷针"，他的继任者是一位乏味无趣的金融官僚，即吉田茂的门生池田勇人。池田也没有解决日本的宪法问题，他的应对策略是索性不去管它，另辟蹊径以平息人们的不满、弥合分歧。

1958 年，岸信介曾召池田入内阁，担任通商产业大臣。池田下辖的通产省，前身是岸信介昔日把持的商工省，战时曾改名为军需省。通产省处于日本战后经济增长的龙头地位。池田借鉴了某位著名劳动经济学家的观点，承诺让全体日本人富起来。他在 1960 年 12 月出台了"收入倍增计划"，有意识地

166

将国民的注意力从宪法问题上转移开。财富的公平分配博得了日本社会党内温和派的支持。池田希望，有了钱，人们会彻底忘掉政治。能干的技术官僚心怀国家福祉，引领日本经济继往开来。他们的存在，确保了自民党统治的国家里一派稳定繁荣的气象。这正是"池田路线"的要义。

　　爱惹事的左派工会无外乎两种下场：一是被黑帮缠上，二是在私人企业工会的新制度下日渐式微。在私企，工会承诺将员工视为企业大家庭的子女，加以善待。规模最大的那类公司向员工提供终身雇佣合同，以换取后者的绝对忠诚。所有这一切安排虽常被形容为古老的日本传统，但其实是"池田路线"的组成部分。除此之外，"池田路线"还意味着无休止的大兴土木。举国上下，日本城市与乡村，成了一片大工地，公路、桥梁、水坝造个不停。这对建筑公司及其黑帮附属而言是利好消息，同样受益的还有国土交通省、农林水产省、日本产业界、给乡村选民打开财源的政客以及自民党自己——每个新上马的建筑工程都会带来一笔贿款和献金，令其赚得盆满钵满。

　　20世纪60年代，日本的实际国民生产总值年均增长 167
10.6%，完成了预期目标。曾经险些将国家撕裂的那些分歧如今仅见于社会边缘：右翼暴徒依然扛着旧战旗，开着广播车巡街，高分贝播放着军队进行曲；学生中的极端激进派在残酷的锄奸过程中斗得你死我活。不过，多数日本人在经过举国繁荣的新时代洗礼后，政治上已经变得很好糊弄了。人们一谈起东京市内拔地而起的仿造埃菲尔铁塔时，骄傲之情便油然而生——话说这座"山寨埃菲尔塔"比实物还要高。1964 年，第一列子弹头列车仅用三个半小时，便跑完了东京与大阪之间的路程。这一年，世人齐聚东京，共襄奥运盛会。此时此刻，日本人终于不用再窝里斗，也不再与世界为敌。

　　完成了使命的池田于奥运会举办当年与世长辞，取而代之的是吉田茂的另一位得意门生佐藤荣作。佐藤是岸信介的亲弟弟*，他就像个"催眠精灵"（sandman）†那样，在最容易引起争议的问题上也采取了打太极的办法。他的外交政策说来简单得很。佐藤尝言："每每日本与美国背道而驰，国家就会蒙难；每每两国通力协作，日本就会昌盛。因此，我的方针就是与美国充分合作，确保世界和平。"佐藤满口的和平论调，为此他于 1972 年被授予了诺贝尔和平奖。

---

*　岸信介原姓佐藤，他的亲生父亲从岸家入赘到佐藤家，岸信介在中学时才被过继到父亲本家，改姓岸。佐藤荣作是他的亲弟弟。

†　Sandman 是美国的一个古老传说中的精灵，在孩子们的眼睛里撒沙子，带给他们睡眠和美梦。

跋

战后时期的终结

那么，现代日本的故事是否到此就结束了？肯定不是，但我要讲的故事已进入尾声。自 1964 年以来，日本经历了翻天覆地的变化：政府因为贪腐倒台；裕仁天皇去世，新天皇即位，年号"平成"；被泡沫经济裹挟的日本大有要买下全世界的势头；宗教恐怖分子在东京制造沙林毒气事件；泡沫经济崩盘。除此之外还发生了许多事。不过，建立于美占期、并于 1955 年得到巩固的战后秩序依旧如故，其根基虽然出现了裂痕，也显出衰败的迹象，却岿然不倒。只要战后秩序不变，1964 年就是近代日本完成兴衰交替的标志性年份。

一度有迹象表明真正的变化即将来临，1976 年冬天就上演了一出重头戏。在此一年前，我来到东京求学，那时依旧能于细微处感受到战争的影响。缺胳膊少腿的退伍老兵穿着白色和服，枯坐在火车站外，用手风琴如泣如诉地拉着伤感的战时小调。路人行色匆匆地从这些大活人跟前经过，仿佛压根不曾留意其存在。他们挥之不去的身影只是飘荡在盛世暖空中的一丝寒意。

20世纪60年代的新宿车站曾是学生集会的热门场所，见证过不少戏剧性"事件"。我目睹人们朝一幅丑化田中角荣的漫画像扔花生。这位前首相当时已身败名裂。"花生"这个词是有来头的：为了拿到购买飞机的合同，从洛克希德公司（Lockheed）收了钱的中间人再将其分给田中等日本政客，"花生"就是他们指代这笔交易的暗语。在幕后活动的主要掮客是战时投机商兼岸信介的狱友儿玉誉士夫。这起丑闻曝光后，一位年轻的色情片男优驾着自己的轻型飞机，撞上了位于东京的洛克希德公司办事处，以示对资本主义腐败的抗议。他临死前穿着神风特工队的军装，留下了"天皇万岁！"这句遗言。历史还真是既有悲剧，也有闹剧。

由于卷入了日本媒体报道的"金钱政治"，田中早在两年前就已辞职，但收受贿赂的指控还是给了他当头一棒，他感到自己被人算计了。毕竟，腐败现象在日本政坛司空见惯，要想办成事，唯有走此渠道。田中不过是用的钱比对手多，比对手更能干罢了。他最终被赶下台，并非像许多人认为的那样，是调查新闻记者给害的。一手促成其下野的，是老对手福田赳夫。福田老谋深算，出身官僚系统，正是福田派的人将洛克希德案的细节捅给了媒体。扳倒田中、将他赶出自民党是为了报复他妄图篡夺自民党大权。即便如此，福田也没能剿灭田中的影响力。田中派即便在首领出走并成为无党派国会议员后，依然控制着自民党，这种状态持续了多年。

　　田中极其擅长民粹之道，逢人必握手，热情得过了头，而且敢作敢为；反观福田则是典型的政坛官僚。自从池田与日本国民达成协议，以慷慨的施政来打消他们对政治的关注后，自民党就一直是官僚的天下。他们制定政策，为内阁大臣起草议会演讲稿，任职届满后依然在自民党党内保有一席之地。政客的职责是运作好"猪肉桶"（pork barrel）*，确保自民党的执政地位不动摇。党内的派系之争使得没有一位政客能够脱颖而出，只手遮天。然而，田中凭借自己过人的政治天赋和大手笔的利益勾兑，差一点就办到了他人不可为之事。他的庇佑令许多人蒙恩于他，以至于这位连中学都肄业的乡下牛贩子之子几乎撼动了技术官僚的主导地位。日本近代史上第一次出现政客向官僚发号施令的局面，结果田中让日本变得更加富有，但腐败程度也更加惊人。

　　操弄民粹主义不等于就要推动民主改革。田中从未尝试改革"自民党体制"，在他的运作下，这一体制为尽可能多的人创造了财富和就业机会。田中出身建筑行业，娶了自己公司社长的千金为妻，建筑业为他提供了从政所需的资金。田中曾发誓要将整个日本列岛变成一片建筑工地。哪怕是在他1985年中风、影响力走下坡路后，日本国内的土木工程也未见"退烧"迹象，一如既往地持续着，由此而生的现金流也源源不断，助自民党保住了江山。各地兴建了越来越多的道路、桥梁、水坝、

---

* "猪肉桶"喻指人人都可分一杯羹。在西方政界，议员常会在国会制订拨款法时将钱拨给自己的州 / 选区或自己特别热心的某个项目，这种做法就叫"猪肉桶"政治，本质上是一种分肥政治。

会议中心、机场、柏青哥弹子房、博物馆、市政厅、宾馆、隧道、主题公园和工业园区。这些项目中，有不少派上了用场——应该说是解了燃眉之急，但也有很多无意义的建设。日本如今随处可见用处不大的"烂尾"隧道和公路，毫无生机、连个人影也瞧不见的河道和桥梁，以及空空荡荡、鲜有人踏足的博物馆和主题公园，这些都是"池田路线"和田中的金钱政治留下的不那么可爱的遗迹。

　　然而，从其释放的洪荒财力来看，田中的政绩可谓光鲜亮丽。20 世纪 80 年代，东京的雅皮士可以金箔为食，在黄金地段置办不动产的钱可以买下一个小国家。日本作者著书立说，吹嘘即将到来的"日本世纪"：今天还在东京，明天就将传遍全世界！外国人写的书有些宣扬与日本将有一战，有些则评议所向披靡的日元，或者势不可挡的日本体制——要想与之抗衡，唯有出台与之针锋相对的产业政策；西方的生意人捧读 17 世纪介绍武士战法的小书；以日本管理技术为题的书籍行销一时。似乎这一轮"日本热"永远都没有尽头。

　　可是，许多日本人内心弥漫着一股怅然若失的情绪，他们的国家是很富足，但也越发丑陋，似乎丢了些什么。奥姆真理教在 1995 年制造了以大量杀伤人员为目的的东京地铁沙林毒气事件。这是个邪教组织，其成员都受过最好的教育，不少人不是科学家就是经过培训的未来技术官僚。他们是"池田路线"的接班人，缺乏对眼下现状的政治责任感，满脑子都是噬人的精神乌托邦。该组织的宗旨是引发一场祝融之灾，任熊熊烈焰焚毁他们眼中这个无意义的社会，并从战后繁荣的灰烬里诞生出一个美丽新世界。

20 世纪 80 年代，保守派政客及其知识界拥护者也开始 173
对现代日本价值观的缺失犯起愁来。尤其是青年，被养尊处
优的生活宠坏了，一副得过且过、毫无方向的样子。原海军
军官、田中派成员中曾根康弘在 80 年代中期当选首相，之后
尝试推广一种新型的民族主义思想，但实际上，他在任内搞
的那套宣传和旧民族主义思想相差无几：譬如单民族国家好
处多多、尊重天皇制度、日本精神独一无二。这些宣传的出
现，部分是为了与教师联盟和马克思主义知识分子多年来炮
制的左翼教条分庭抗礼。然而，对于一个纯粹视扩大经济实
力为政治目标的国家而言，再谈什么内涵纯属庸人自扰，而
民族主义者关于日本性精髓的那套说辞又不足以取代政治
辩论。

中曾根的民族主义思想不过是虚张声势，甚至都不如岸信
介的修宪尝试更有政治能量。有时听中曾根说话，会觉得他像
个战时爱国者，但他也说过"日本是美国不沉的航空母舰"这
样的话。不管多少民族主义辞令都改变不了美日关系一边倒的
实质。1991 年的海湾战争——打这一仗的目的部分是为了保
障日本的石油供应——令这一点清晰到了让人痛苦的程度：日
本人只能作壁上观，对于一场直接牵连到他们的危机插不上手，
无能为力。日本唯一能做的，就是向美国及其盟友支付一大笔
酬劳，被嫌弃钱给晚了不说，也换不来几句感谢。对此感到耻
辱的并不只是日本民族主义者。

海湾战争两年后，自民党在大选中落败。该党此时正饱受

贪污丑闻的困扰，还经历了几位实力派政客倒戈的变故。一时　　174
间，"自民党体制"犹如明日黄花。说不定一个由反对党组成
的新政府会推行必要的改革，为日本封闭的政治体制注入活力
呢。自民党的主要变节者之一、"猪肉桶"政治的老手小泽一
郎甚至主张修宪，使日本成为他口中的"正常国家"。小泽指出，
日本人是时候成为独立个体，愿意冒风险，为自己站出来了。
修宪将引导日本在世界舞台上扮演更加独立自主的角色。另外，
长久以来，选举制度一直都是畸形的，偏向不断衰减的农村人
口，对之进行改革有助于形成一个富有活力的两党制格局，终
结自民党一家独大的地位。

　　事后证明，这又是一场伪黎明。选举制度变更的力度不
够，未能产生影响。反对派领导人在内斗中徒耗精力。脱离了
自民党的小泽一郎烧不起钱，也就办不成事，无法取悦手下党
员。1994 年，自民党与社会党联合执政，回归权力舞台。到
了 1997 年的时候，小泽等自民党"叛徒"已是穷途末路。

　　要说变化，倒还真有，其催化剂不是政治意愿，而是经济
走势：繁华盛世在股灾中戛然而止。地产价格狂泻，银行倒闭。
以事后之见，日本经济的泡沫之大，一下子让人联想起 17 世
纪席卷阿姆斯特丹的"郁金香热"。不管是日本胜利论者，还
是西方杞人忧天者，都少见地陷入了集体失语。当然，这并未
让自民党体制垮台，却多少葬送了人们对其的信任。官僚精英
威望扫地。曾经他们备受信赖，充当稳定和增长的守护人，如　　175
今则被视为与现实脱节、夜郎自大的一群草包。自民党依旧当
政，但仅仅是因为没有更好的选择，况且他们也不再一党独

大，不得不与其他党派分享权力，比如与右翼佛教组织有关联的公明党。自20世纪50年代以来，头一回出现连受过高等教育、在大公司高层任职的工薪族也不再有把握获得终身聘用的情况。图书馆、咖啡店、地铁站里不难见到他们的身影：这些男人穿着笔挺的蓝色西装，翻看报纸，假装在工作，可实际上只是在一个缓慢解体的社会里随波逐流。经济崩盘倒不至于让许多日本人变得一贫如洗，还没到这一步。五十年的高速增长创造出了巨大的财富储备，可"池田路线"也就此宣告终结。

　　就连平素在世界各国首都中最熙熙攘攘的东京，似乎也一反常态，笼罩上了一层忧郁的气息。人们仿佛陷入了沉思，追问到底是哪儿出了问题。在我写作本书期间，时任日本首相的是小泉纯一郎。因为讲话直白，外形阳光，再加上他承诺大刀阔斧地进行改革，小泉在2001年成了媒体上的大红人。同各位前任一样，小泉号称将打破党内派系之隔，限制官僚的干预行为，并承诺上任后，以吃回扣为特色的腐败旧体制、失控的大修大建和稀里糊涂的预算制度将得到清理整顿。人们期待他成为日本的戈尔巴乔夫，成为埋葬体制的改革者，但他们的希望落空了。这之后，政治和政客日益成为公众冷嘲热讽的对象。这种情况在一个年轻的民主国家向来不是什么好兆头。这些情形一旦与受挫的民族主义情绪和经济绝望感交织在一起，或许将再次把日本推向自由的对立面。

　　人们对现任东京都知事石原慎太郎议论纷纷，说此人值得关注。有人一说起石原就满怀殷切希望，似乎他象征自民党的底牌；但也有人对他又怕又恨。石原本是一位小说家，因为在

176

20 世纪 50 年代发表了一些脍炙人口的作品而声名鹊起。他与小泉的共同点是两人均擅长面对镜头，而且敢言，这为他们博得了不少美誉。石原的观点在书籍、视频、杂志和电视脱口秀中屡有曝光。同民粹主义前辈类似的是，他也对官僚执掌"自民党体制"一事颇有微词。他最著名的一部小说出版于 1955 年，书中主人公是一群叛逆的富家公子。同年，自民党成立；翌年，《经济白皮书》宣告战后时期结束。自打那时起，石原的思想就未曾动摇过。他指责美国一手打造了一个孱弱而精神空虚的国家。在他看来，日本打的是一场正义战争，是时候让战后的日本斩断同华盛顿之间的纽带，恢复其亚洲盟主的地位了。

这同样可能只是一堆诳语，反映了内心的失落和战败造成的挥之不去的耻辱感。但是与石原炽热的民族主义情结产生共鸣的还不光是他的同龄人，年轻人一样受到了蛊惑。在我看来，这是一系列因素作用的结果：一方面，日本的思想文化处于左右两派教条的夹缝之中，有些发育不良；另一方面，当权派执拗地将眼光局限于经济增长，有意扼杀政治辩论；除此之外，还要算上日本对美国婴儿般的依赖。在这些问题得到解决之前，战后时期是不会终结的。

可又该如何解决呢？故事回到了原点，回到了日本最初与西方势力正面交锋的时刻。在一些人看来，这标志着与西方漫长战争的开端。2002 年的早春时节，我在东京伏案写稿，其间回想起一件事：过去几周以来，日本人曾屡次一本正经地告诉我，他们希望黑船再杀回来，打破封闭的政治体制。他们表示，过去的老一套已经行不通了，只有借助外部压力，才能将束缚这个狭隘社会的死结解开。我明白这些话的含义，但我还是期待有朝一日看到日本人解放自我，真正地和黑船告别，因为他们不再需要后者。

专有名词词汇表

将军（Shogun）：字面意思是军事将领，实际是日本的军事大统领。1603—1867 年间的历任将军均出自德川一族，其统治时期被称为德川或江户时期。

江户（Edo）：德川将军府所在的城市。1867 年幕府倒台后，江户更名为东京，成为现代日本首都。

幕府（Bakufu）：将军府的名号，亦可使用 shogunate 这一别名。

武士（Samurai）：武人阶层的统称。所有将军以下的武夫，乃至最卑微的门客，都叫武士。武士被禁止经商，因为这有损其高贵的身份。因此，武士多为收入微薄的官门中人。在和平年代，不少武士赋闲失业。不过，他们是唯一获准携带武器和行切腹之仪的群体。

兰学（Rangaku）：意即荷兰的学问。自幕府早期以降，荷兰商人是唯一获准驻留日本的欧洲人。通过学习荷兰文，日本学者得以接触欧洲的科学知识。

萨摩（Satsuma）：封建时代的一个藩，位于今天的九州。除了萨摩之外，还有两个藩的领主起事，反抗幕府。萨摩孕育了一大批明治年代的豪杰，譬如政治家大久保利通。另一位祖籍萨摩的英雄人物是西乡隆盛，在他的率领下，一批心怀不满的武士揭竿而起，对抗东京的新政府。

长州（Choshu）：本州岛西南端的一个藩。长州的武士也是对抗幕府统治的叛党之一，他们时而与萨摩藩的武士结盟，时而又与之敌对。伟大的明治维新政治家伊藤博文就出生在长州，他的同乡里还有近代帝国陆军奠基人山县有朋。

土佐（Tosa）：这是三个造反的藩当中最贫穷、但也是风气最开明的一个。土佐位于四国岛南部，名气最响的土佐藩人士莫过于坂本龙马这位乡野剑客和日后的明治宪法起草人。

幕末（Bakumatsu）：德川幕府最后的光景。这一时期的日本危机四伏，阴谋和暴力起义不断，走四方的剑客随处可见，血淋淋的歌舞伎作品层出不穷。

明治维新（Meiji Restoration）：推翻幕府的起义，后在东京建立新政府，天皇一跃成为昔日将军府的新主人。维新成功后，"明治"二字立即启用，作为天皇的年号。

文明开化（Bunmei Kaika）："文明开化"是明治年间的主要口号，这一时期的日本尝试以欧洲为模板，将自己打造为现代国家。

富国强兵（Fukoku Kyohei）："富国强兵"是明治时期流传的另一句口号，是"文明开化"的变种，着重于增强军力和经济实力。

国会（Diet）：这个词在英语里常被用来指代英国以外的议会机构。

大正（Taisho）：明治天皇之子嘉仁的年号，在位时间为1912—1926年，但由于嘉仁无力继续履行职责，其子裕仁在1922年出任摄政王。

国体（Kokutai）：一种描绘日本国家的半神秘主义观念。按其构想，日本应该是一个专制的家族式国家，统治者是神圣天皇。这一神圣国体精髓论最初出现在1937年文部省出版的《国体之本义》一书中。

皇道派（Kodoha）：20世纪20年代末，一批年轻军官和他们的思想导师发动了一场革命，旨在清除有害的西方影响，譬如自由主义、个人主义和资本主义。他们希望以日本精神来征服世界，而这一精神的化身便是神圣天皇，这就要求"复辟"他的绝对统治权。为了实现这一理想，1936年2月，皇道派发动政变，政变以失败告终。

统制派（Toseiha）：军队内部的主要敌对派系。尽管其成员并不一定反对激进皇道派的宗旨，但他们更倾向于循规蹈矩的做法。粉碎了1936年的未遂政变后，统制派独揽兵权。

财阀（Zaibatsu）：起源于明治早期"公私转制"的商业联合体。三井和三菱等私营企业在政府的帮助下，将业务拓展至银行、矿产、重工和贸易等领域，从而独霸日本经济的半壁江山。二战结束后，尽管这些家族企业的掌门人在美占期遭到法办，财阀依旧存在，形式虽较过去不同，但垄断程度未必逊于过往。

引用文献

要是想通过一本书了解近现代日本史的话，马里乌斯·杨森（Marius Jansen）的《现代日本诞生记》（*The Making of Modern Japan*. Cambridge, Mass.: Harvard University Press, 2000）可以说是最全面的，囊括了所需要的一切信息，此书令我受益匪浅。不过，其他经典作品一样不容错过，比如由费正清（John K. Fairbank）、埃德温·O·赖肖尔（Edwin O. Reischauer）和阿尔伯特·M·克莱格（Albert M. Craig）共同创作的《东亚：现代化转型》（*East Asia: The Modern Transformation*. Boston: Houghton Mifflin Co., 1960）一书，这部参考资料我沿用至今。

在撰写德川日本与西方的冲突时，唐纳德·金（Donald Keene）的《日本发现欧洲：本多利明与其他发现者，1720—1798》（*The Japanese Discovery of Europe: Honda Toshiaki and Other Discoverers, 1720–1798*. London：Routledge and

Kegan Paul, 1952）令我获益良多，尤其是谈到启蒙帝国主义者本多利明的那部分。彼得·布斯·威利（Peter Booth Wiley）的《众神之国里的美国佬：佩里司令与日本开国》（*Yankees in the Land of the Gods: Commodore Perry and the Opening of Japan*. New York: Viking，1990）既风趣又全面地记录了佩里将军来到日本以及其所引发的政治纷争的来龙去脉；佩里的翻译卫三畏的引语便是摘自此书。在写到德川幕府末期的日本知识界氛围时，我参考了丸山真男的《幕府日本思想史研究》（*Studies in the Intellectual History of Tokugawa Japan*. Princeton: Princeton University Press, 1974）和格兰特·K·古德曼（Grant K. Goodman）的《日本：荷兰经验》（*Japan: The Dutch Experience*. London: Athlone, 1986）。另一部重要文献是鲍勃·若林忠志（Bob Tadashi Wakabayashi）的《日本现代早期的排外主义和西学》（*Anti-Foreignism and Western Learning in Early Modern Japan*. Cambridge, Mass.: Harvard University Press, 1986），其中收录的水户学派及其分支的资料弥足珍贵。讲述由剑客转型成为宪政主义者的坂本龙马的书籍已经汗牛充栋，我采用的是马里乌斯·杨森的《坂本龙马与明治维新》（*Sakamoto Ryoma and the Meiji Restoration*. Princeton: Princeton University Press, 1961）。读者若想进一步深入探究这一时期知识分子生活状态，请参见杨森的《德川世界里的中国》（*China in the Tokugawa World*. Cambridge, Mass.: Harvard University Press, 1992）。

要想知道明治时期的日本文化人过的是怎样的生活，最好的办法恐怕还是读上几本夏目漱石的小说，特别是 1914 年问世的《我是猫》。唐纳德·金在《西方的黎明：日本现代文学》(*Dawn to the West: Japanese Literature in the Modern Era*. New York: Holt, Rinehart and Winston, 1984) 一书中谈及了这部小说及当时其他作品。金本人很有明治时期的风骨，他不仅为我提供了宝贵的指引，还有着美妙的译笔。拙作引用的高村光太郎的诗歌译文便是出自金之手。我摘用的另一位明治时期名人福泽谕吉的语录则出自《福泽谕吉自传》(*The Autobiography of Fukuzawa Yukichi*. New York: Columbia University Press, 1968)，译者是清冈瑛一。

关于明治年间的戏剧创作，J. 托马斯·莱默 (J. Thomas Rimer) 的《迈向现代日本剧院：岸田国士》(*Towards a Modern Japanese Theater: Kishida Kunio*. Princeton: Princeton University Press, 1974) 提供了很好的素材。要想了解日本早期电影史的话，唐纳德·里奇 (Donald Richie) 和约瑟夫·L·安德森 (Joseph L. Anderson) 的《日本电影：艺术与工业》(*The Japanese Film: Art and Industry*. New York: Grove Press, 1959) 依旧是一部扛鼎之作。茱莉亚·米奇—佩卡里克 (Julia Meech-Pekarik) 的《明治浮世绘的世界：对一个崭新文明的印象》(*The World of the Meiji Print: Impressions of a New Civilization*. New York: Weatherhill, 1986) 的内容远不止浮世绘，全书配有精彩的文字介绍。我从她的书里选用了皮埃尔·洛蒂描写鹿鸣馆内景的段落。三岛由纪夫对于明治时代假道学发出的嗟叹出自他为矢头保的精美摄影集《裸祭》(*Naked*

Festival. New York: Weatherhill, 1968）所作的序言。这本书居然已经绝版，着实令人愕然。

在写到现代民族主义意识形态时，我想不到有比卡罗尔·格鲁克（Carol Gluck）的《日本的现代神话：明治末年的意识形态》（*Japan's Modern Myths: Ideology in the Late Meiji Period*. Princeton：Princeton University Press，1985）更加出色、也更引人入胜的作品了。要是没了这本书，我就真是束手无策了。关于日本的帝国建设，窃以为拉蒙·梅耶斯（Ramon Myers）和马克·皮蒂（Mark Peattie）编著的《日本殖民帝国，1895—1945》（*The Japanese Colonial Empire, 1895-1945.* Princeton: Princeton University Press, 1984）不可不读。在写到民权运动等反抗当权者的叛乱时，罗杰·W·鲍温（Roger W. Bowen）所著的《明治日本的叛乱与民主：民权运动中的庶民》（*Rebellion and Democracy in Meiji Japan: A Study of Commoners in the Popular Rights Movement.* Berkeley: University of California Press, 1980）派上了大用场。

爱德华·塞登斯蒂克（Edward Seidensticker）的《低城、高城：从江户到大地震时期的东京的东京》（*Low City, High City: Tokyo from Edo to the Earthquake.* New York: Knopf, 1983）以挽歌般的笔触描写了大正年间的东京，勾起了人们的思绪。此书当和塞登斯蒂克翻译的怀旧派巨匠永井荷风的部分作品搭配在一块儿看，如果硬要挑其中一本的话，非《墨东绮谭》莫属。北一辉的文字读起来就没那么令人畅快了，但对于一些读者而言或许同样趣味盎然。拙作中的引语摘选自《北一辉论》

（东京：现代评论社，1981 年），作者是松本健一。不过有关北一辉的英文类权威读物还要看乔治·M·威尔逊（George M. Wilson）的《日本的激进民族主义者：北一辉，1883—1937》（*Radical Nationalist in Japan: Kita Ikki, 1883-1937.* Cambridge, Mass.: Harvard University Press, 1969）。D. C. 霍尔顿（D. C. Holtom）的《现代日本与神道教民族主义：当代日本宗教趋势研究》（*Modern Japan and Shinto Nationalism: A Study of Present-day Trends in Japanese Religions.* Chicago: University of Chicago Press, 1943）也很有意思，但明显带有时代局限性。记载 1936 年政变的一部重要文献是本—阿米·施罗尼（Ben-Ami Shillony）的《日本之乱：少壮派军官和二·二六事件》（*Revolt in Japan: The Young Officers and the February 26, 1936 Incident.* Princeton: Princeton University Press，1973）。在撰写日本皇室近代史，特别是裕仁的教育经历时，我参考了赫伯特·P·比克斯（Herbert P. Bix）的《裕仁与现代日本的诞生》（*Hirohito and the Making of Modern Japan.* New York: HarperCollins, 2000），从中获益匪浅。

　　"满洲"如今已有许多人著书讨论，但没有一位作者在写到这个话题时可以忽略路易斯·杨（Louise Young）的《日本的大一统帝国：满洲与战时帝国主义文化》（*Japan's Total Empire: Manchuria and the Culture of Wartime Imperialism.* Berkeley: University of California Press, 1998）。我大段借鉴了其中的内容，特别是讲述大众文化和政府宣传的章节。南京大屠杀或许比起"满洲"更有话题性，几乎每一本以此为题的书都带有政治色彩。要想了解日本自由派／左派的观点，本多胜一的《南京大屠杀始末采访录》（*The Nanjing Massacre: A Japanese Journalist Confronts Japan's National Shame*. New York: M. E. Sharpe, 1999）不可不读。我在拙作中引用了一段参加过南京攻城战的日本兵的话，出处是阿诺德·C·布拉克曼（Arnold C. Brackman）的《另一个纽伦堡：东京审判未曾述说的故事》（*The Other Nuremberg: The Untold Story of the Tokyo War Crimes Trials*. London: Collins, 1989），该书完美地记录了东京战争罪审判的经过。诺门罕战役在阿尔文·D·考克斯（Alvin D. Cox）的《诺门罕：日本对抗俄国，1939》（*Nomonhan: Japan Against Russia, 1939*. Stanford: Stanford University Press, 1985）一书中有十分详尽的记载。

关于偷袭珍珠港，最出彩、同时也最著名的作品之一是戈登·普兰奇（Gordon Prange）的《我们沉睡在清晨：有关珍珠港的未告诉过人的故事》（*At Dawn We Slept: The Untold Story of Pearl Harbor*. New York: McGraw-Hill, 1981）。在写到珍珠港事件前夕的外交风云时，我参考了拉尔夫·E·夏弗（Ralph E. Shaffer）编著的《迎向珍珠港：日美外交往来，1899—1941》（*Toward Pearl Harbor: The Diplomatic Exchange Between Japan and the United States, 1899-1941*. Princeton: Princeton University Press, 1991）。林房雄在《大东亚战争肯定论》（东京：大和文库，1978 年）中罗列了一些日本人对珍珠港事件的反应，我引用了其中文学评论家奥野健男的话。读者可能不同意约翰·W·道尔（John W.

Dower）在《无情的战争：太平洋战争中的种族和权力》（*War Without Mercy: Race and Power in the Pacific War*. New York: Pantheon, 1986）一书中的部分前提假设，我也一样，但是作为一部记录战时日本人心态的史籍，道尔的这部书提供了海量的资料。鹤见俊辅的《战争时期日本精神史，1931—1945》（*An Intellectual History of Wartime Japan, 1931-1945*. London: Kegan Paul International, 1986）同样涉及这一题材，虽然较前者薄得多，但内容一样发人深省。此外，我还一遍遍翻阅了入江昭的《权力与文化：1941—1945 年的日美战争》（*Power and Culture: The Japanese-American War, 1941-1945*. Cambridge, Mass.: Harvard University Press,1981）。日本投降的全过程在罗伯特·J·布托（Robert J. Butow）的《日本的投降决定》（*Japan's Decision to Surrender*. Stanford: Stanford University Press, 1954）一书中有翔实的记载。而若想了解战争全局，同时又能接受左派 / 自由派偏见的话，可以参考家永三郎的《太平洋战争，1931—1945》（*The Pacific War, 1931-1945*. New York: Pantheon, 1978），这本书仍不显过时。

在我看来，所有以盟军占领时期的日本为研究对象的作品当中，最出色、最详尽、同时也最公允的一部当属约翰·W·道尔的《拥抱战败：第二次世界大战后的日本》（*Embracing Defeat: Japan in the Aftermath of World War II*. New York: W. W. Norton, 1999）。要想了解内幕的话，不妨查阅《重塑日本：美占期的"新政"》（*Remaking Japan: The American Occupation As New Deal*. New York: Free Press, 1987）一

书，作者是西奥多·科恩（Theodore Cohen），编校工作由
赫伯特·帕辛（Herbert Passin）操刀。关于占领时期的文化
政策，平野共余子的《史密斯先生去东京：美占期的日本电影，
1945—1952》（ *Mr. Smith Goes to Tokyo: Japanese Cinema
Under the American Occupation, 1945-1952.* Washington,
D.C.: Smithsonian, 1992）提供了一个十分新颖的视角。除了
前述的阿诺德·C·布拉克曼的书之外，任何东京审判的研究
者都绕不开理查德·H·米尼尔（Richard H. Minear）的《战
胜者正义：东京战争罪审判》（ *Victor's Justice: The Tokyo
War Crimes Trial.* Princeton: Princeton University Press,
1971），该书犀利的观点只是其若干亮点之一。此外，梅里安·哈
里斯（Meirion Harries）和苏希·哈里斯（Susie Harries）经
过十分扎实的研究而写成的《藏剑入鞘记：日本之非军事化》
（ *Sheathing the Sword: The Demilitarization of Japan.* London:
Hamilton, 1987）也令我收获颇丰。

丹·库兹曼（Dan Kurzman）的《岸信介与日本：追寻
太阳》（ *Kishi and Japan: The Search for the Sun.* New York:
Astor-Honor, 1960）对于岸信介这个老流氓过于褒奖，话虽
如此，这本书还是挺有用的。爱德华·塞登斯蒂克（Edward
Seidensticker）的《东京崛起：大地震之后的城市》（ *Tokyo
Rising: The City Since the Great Earthquake.* New York:
Knopf, 1990）完美地回顾了东京废墟间的众生相，以及这座
城市之后的重生。大岛渚的日记选自其散文集《体验的战后
映像论》（东京：朝日新闻社，1975年）。若要从保守派的视

角来探讨战后宪法的话，我向各位推荐（我也引用过）片冈铁哉的《宪法的代价：日本战后政治的起源》（*The Price of a Constitution: The Origin of Japan's Postwar Politics.* New York: Crane Russak, 1991）。查默斯·约翰逊（Chalmers Johnson）的《通产省与日本奇迹　产业政策的成长，1925—1975》（*MITI and the Japanese Miracles: The Growth of Industrial Policy, 1925-1975.* Stanford: Stanford University Press, 1982）是一本分析战后经济的好书。而在纪实方面，大卫·J·陆（David J. Lu）所著的《日本：一部纪实历史》（*Japan: A Documentary History.* New York: M.E. Sharpe, 1997）对我帮助很大。

　　当然，还远不止上面这些，一些杰出的学术著作并未列入这份简短的书目。我在撰写这部简史时，将参考书目限定在那些于我特别有用的书籍。我只能希冀这本小书起到"开胃菜"的作用，激发人们对后续"大菜"的胃口。

索 引

(按汉语拼音顺序排列，页码参见本书边码)

A

阿部定（Abe Sada）100

阿道夫·希特勒（Adolf Hitler）76, 115

岸信介（Kishi Nobusuke）155-156, 158, 161, 163-167, 170, 173

奥姆真理教（Aum Shinrikyo）172

奥托·冯·俾斯麦（Otto von Bismarck）38, 41, 52

奥野健男（Okuno Takeo）111

奥运会（Olympic Games）3-7, 167

B

巴茂（Ba Maw）121

白神源次郎（Shirakami Genjiro）50

坂本龙马（Sakamoto Ryoma）27-29, 30-32, 40, 151

板垣退助（Itagaki Taisuke）42

北上派（Strake North Faction）106-108

北一辉（Kita Ikki,）77-79, 81-82, 89-99, 156

本多利明（Honda Toshiaki）24, 51

本土论者（nativists）22-24

币原喜重郎（Shidehara Kij ū ro）90

滨口雄幸（Hamaguchi Osachi）75, 81

波茨坦会议（Potsdam Conference）125-126

部落民（*burakumin*）70-72

C

财阀（zaibatsu）41, 132, 149, 150

查尔斯·威洛比（Charles Willoughby）138, 141

朝鲜（Korea）：

　　起义（rebellions in）65-66

　　日本人的暴政（Japanese brutality）74

　　统治朝鲜（domination of）49, 51, 121

　　与朝鲜通商（foreign trade with）11

朝鲜战争（Korean War）150-151, 157

池田勇人（Ikeda Hayato）165-166, 167

冲绳（Okinawa）123, 157

川上音二郎（Kawakami Otojiro）45

D

大岛渚（Oshima Nagisa）161, 162

大久保利通（Okubo Toshimichi）39, 41

大隈重信（Okuma Shigenobu）38, 42

大西泷治郎（Onishi Takijiro）123-124

大正年间的东京（Taisho Tokyo）67-69,

70, 73-74, 76-77, 82, 92, 102, 114

大正天皇/嘉仁天皇（Emperor Taisho/
Emperor Yoshihito）65

大政翼赞会（Imperial Rule Assistance
Association, IRAA）102, 113

丹下健三（Tange Kenzo）3

道格拉斯·麦克阿瑟（Douglas
MacArthur）59, 131-134, 138-143,
151, 157, 163；另见"最高司令官"

德川吉宗（Tokugawa Yoshimune）16,
21

德川幕府（Tokugawa bakufu）12, 17,
20, 21, 26, 28, 39, 40

德国（Germany）：
二战期间（in World War II）115
民族身份（nationhood of）52-53
纳粹（Nazis in）91, 100, 113, 114,
133, 145, 156
纽伦堡法庭（Nuremberg court in）
145
魏玛共和国（Weimar Republic）
76
犹太大屠杀（Holocaust in）102,
113, 145
殖民地（colonies of）65-66, 70
作为楷模（models from）35-36,
41, 52-53, 56, 57, 106, 133, 142-
143

德怀特·D·艾森豪威尔（Dwight D.
Eisenhower）163, 164

德皇威廉二世（Wilhelm II, the German
kaiser）58, 82

东京（Tokyo）
暴乱（riots in）69-70

大众文化（popular culture in）
66-69

地震（earthquakes in）74

毒气事件（poison gas in）172

忧郁的东京（as subdued）175

战争罪法庭/东京大审（War
Crimes Tribunal）103

东久迩稔彦（Higashikuni Naruhiko）
138-139

东条英机（Tojo Hideki）98, 114, 116,
118, 119, 121, 146-147, 155, 156, 165

东乡茂德（Togo Shigenori）125, 126

东乡平八郎（Togo Heihachiro）58, 79,
81

E

俄国与"满洲国"（Russia and
Manchukuo）106-108

儿玉誉士夫（Kodama Yoshio）139, 162,
164, 170

二战（World War II）3, 14, 87, 111-128
ABCD 四大国（ABCD powers in）
116, 118
天皇(and emperor)，见"裕仁天皇"
日军暴行（Japanese brutality in）
119-120, 163
挥之不去的战败耻辱感（humility
lingering from）176
"举国玉碎"（as national suicide）
115
日本投降（surrender in）123-128
完全不负责任（systemic
irresponsibility of）117-119, 122
物资生产（production in）122

战争罪审判（war crime trials）
144-147, 152

珍珠港事件（Pearl Harbor）111-
112, 115, 119, 145, 155

政治宣传（propaganda in）120-
121

自杀式攻击（suicide in）123-124

F

F. D. 罗斯福（F. D. Roosevelt）113, 138

菲利普·弗朗茨·冯·西鲍鲁特（Philipp
Franz von Siebold）17-18

菲律宾（Philippines）105, 111, 116, 146

佛教（Buddhism）45, 57, 89, 175

弗兰克·劳埃德·赖特（Frank Lloyd
Wright）67

福田赳夫（Fukuda Takeo）170

福泽谕吉（Fukuzawas Yukichi）17, 45,
47-50, 56, 60, 61, 72, 151

G

富士山（Mount Fuji）135, 138

高村光太郎（Takamura Kotaro）79-80,
111

高桥景保（Takahashi Kageyasu）17-18

哥白尼（Copernicus）22

歌舞伎（*Kabuki* theater）44-45, 134, 138

格劳比乌斯（Globius）18

瓜达尔卡纳尔（Guadalcanal）122

寡头/藩阀（oligarchs）41-42, 52, 56,
60, 71

广岛（Hiroshima）4, 126, 136, 146, 159,
160

广田弘毅（Hirota Koki）100-101

国会（Diet）37-38, 92, 97-98, 113, 159,
162, 165

国家统一（national unity）51-57, 91

国际联盟/国联（League of Nations）
90, 94-95

国体（*kokutai*）77, 78, 83, 98-99, 120,
123-127, 138-139, 141, 145, 146, 161,
163

H

哈利·S·杜鲁门（Henry S. Truman）
124, 125, 151

海湾战争（Gulf War）173

何塞·劳雷尔（José Laurel）121

荷兰商人（Dutch merchants）11, 12, 15,
16

荷属东印度（Dutch East Indies）111,
116

赫伯特·斯宾塞（Herbert Spencer）42-
43

亨利·溥仪（Henry Pu Yi）94

横滨地震（earthquake in Yokohama）74

荒木贞夫（Araki Sadao）79, 106

皇道派（Imperial Way Faction）98-100,
106, 114-115

会泽正志斋（Aizawa Seishisai）23

J

基督教（Christianity）15, 22-23, 57

吉田茂（Yoshida Shigeru）3, 36, 139,
139-143, 149-151, 155-158, 161

吉田松阴（Yoshida Shoin）53

吉野作造（Yoshino Sakuzo）72-75, 76

加藤高明（Kato Takaaki）75

江户幕府（Edo *bakufu*）12, 14, 21, 25,
　26-29, 31, 53, 56

将军（*shogun*）11-12, 16, 20, 32

蒋介石（Chiang Kai-shek）88, 102, 103,
　104, 107, 125

《教育敕语》（Imperial Rescript on
　Education）56

近卫文麿（Konoe Fumimaro）101-102,
　106, 115-118, 120, 139

井上馨（Inoue kaoru）46, 47, 51, 53

鸠山一郎（Hatoyama Ichiro）161

九代目市川团十郎（Ichikawa Danjuro
　IX）44

《军人敕谕》（Rescript for Soldiers and
　Sailors）55, 144

K

科德尔·赫尔（Cordell Hull）118-119

困民党（Poor People's Party）43-45

L

兰学（Dutch learning, *Rangaku*）15, 16-
　19, 21, 23, 24, 48

林房雄（Hayashi Fusao）87, 111

铃木贯太郎（Suzuki Kantaro）125, 126-
　127

铃木贞一（Suzuki Teiichi）117, 118

硫磺岛（Iwo Jima）122

鹿鸣馆（Deer Cry Pavilion）46-47

M

马克思少男少女（Marx boys and girls）
　67

马克思主义（Marxism）95, 96-97, 114,
　137, 160, 173

马休·C·佩里（Matthew C. Perry），昵
　称"老马特"（Old Matt）11-14, 18,
　22-23, 25-26, 53, 88, 118, 131-134

满洲（Manchurian）76, 87, 88, 93-96,
　100, 144, 170

"满洲国"（Manchukuo）94-96, 105, 106-
　108, 119, 155, 156

毛泽东（Mao Tse-tung）149

美国（United States）：
　　反美主义（and anti-Americanism）
　　　159-160, 163-165, 176
　　原子弹（atom bombs of）125,
　　　126, 127
　　民主（democracy in）38
　　海湾战争（and Gulf War）173
　　中立法案（neutrality laws of）104
　　与美国签订条约（treaties with）3,
　　　26-27, 30, 47, 51, 158, 163
　　二战期间（in World War II）111-
　　　128

美浓部达吉（Minobe Tatsukichi）97-98,
　126

米勒德·菲尔莫尔（Millard Fillmore）
　12

米骚动，1918 年（rice riots）66, 70

民权运动（People's Rights Movement）
　42, 54, 59, 70, 77, 152

明六社（*Meirokusha*）48-49

明治维新（Meiji Restoration）29, 31, 35,
　37-47, 51-56, 78, 80, 92-93, 105, 113,
　121, 142, 144

木户孝允（Kido Takayoshi）39

幕末（*bakumatsu*）26-29

明治天皇／睦仁天皇（Emperor Meiji/
　Mutsuhito）35-36

N

乃木希典（Nogi Maresuke）59, 60-62,
　81, 92-93
南京大屠杀（Nanking massacre）102-
　106, 144, 145, 146
能剧（No theater）135

P

皮埃尔·洛蒂（Pierre Loti）46, 47
平成（Heisei reign）169
《朴次茅斯条约》, 1905 年（Treaty of
　Portsmouth）69, 70

Q

浅沼稻次郎（Asanuma Inejiro）164
乔治·凯南（George F. Kennan）149
犬养毅（Inukai Tsuyoshi）75-76, 90-91

R

日本（Japan）：
　"不留俘虏政策"（take no
　　prisoners policy of）104, 123
　闭关锁国（isolation of）11, 14, 21
　产业规划（industrial planning in）
　　40-41, 156, 157, 161
　大众文化（popular culture in）66-
　　69, 92, 112-113, 135-138, 159
　等级制度（caste system in）21, 40
　地震（earthquakes in）74
　二战期间（in World War II）111-
　　128

分权（separation of powers in）
　20-21
腐败（corruption in）170-172
共产党（communists in）148-150,
　158
古代诗歌（ancient poetry）22
股灾（stock market crash in）174-
　175
海军（navy of）116, 117, 132
经济增长（economic growth in）
　151, 162-163, 167
盟军占领（Allied occupation of）
　126-128, 131-152, 另见 "最高
　司令官"
民主（democracy in）72-73, 133-
　136, 140, 144, 151, 156
民族主义（nationalism of）23, 91,
　173
内战（civil war in）30-32
农民起义（farmers' uprisings in）
　43-45
企业工会（company unions in）
　166
日本社会党（JSP）161-162, 164-
　166
日军（army of）54, 55, 57, 98-100,
　103, 114, 117, 132, 143, 150-151,
　156, 157, 158
日军暴行（atrocities of）102-106,
　119-120
市场经济（market economy of）
　40-41
外国通商贸易（foreign trade with）
　11-19, 21, 24, 26-27, 103-104,

115-116, 119, 148

　　文化传统（cultural traditions of）
　　21-22

　　现代性（modernism of）54

　　宪政和平主义（constitutional
　　pacifism in）143-144, 151-152,
　　157, 160

　　选举权（voting rights in）72, 75,
　　76, 151

　　政党（political parties in）92, 113,
　　161, 171, 174

　　殖民主义（colonialism）74

　　种族纯洁性（racial purity in）113-
　　114

　　专制统治（arbitrary rule of）43

《日本的悲剧》（电影）（The Japanese
　　Tragedy）140-141

日俄战争（Russo-Japanese War）58-59,
　　65, 69, 73, 79, 81, 93, 95

日心说（heliocentrism）22

儒家思想（Confucianism）17, 19, 56-57

若槻礼次郎（Wakatsuki Reijiro）90

S

萨摩藩起义（Satsuma）39-40, 61

三岛由纪夫（Mishima Yukio）45-46

三井（Mitsui）41, 44

三菱（Mitsubishi）41, 44, 65

森有礼（Mori Arinori）36-37, 38, 48

山本五十六（Yamamoto Isoroku）115,
　　119

山县有朋（Yamagata Aritomo）39, 41,
　　53-56, 60, 61, 71-72

上帝的角色（roles of God）57

神道教（Shinto）22, 23, 45, 56, 121, 142

神风（kamikaze）118, 123-124

胜海舟（Katsu Kaishu）27-28

辻政信（Tsuji Masanobu）106, 107-108

石原莞尔（Ishiwara Kanji）89, 91, 98,
　　139

石原慎太郎（Ishihara Shintaro）175-176

笹川良一（Sasakawa Ryoichi）155, 162

水户学派（Mito School）22-24, 27, 57,
　　82

松冈洋右（Matsuoka Yosuke）95

松井石根（Matsui Iwane）106

苏巴斯·钱德拉·鲍斯（Subhas Chnadra
　　Bose）121

苏联和日本左派（Soviet Union and
　　Japanese Left）158-161

T

台湾（Taiwan）51, 121

太阳女神（sun goddess）23, 84

天皇（Emperor）：

　　首任天皇（first）35

　　效忠天皇（loyalty of）21, 26, 55,
　　144

　　围绕天皇的阴谋（plots around）
　　14, 29

　　天皇的角色（roles of）20-21, 30-
　　31, 37-39, 82, 117-118, 126, 158

　　作为最高统帅的天皇（as supreme
　　commander）90, 91, 145

　　作为象征的天皇（as symbol）11,
　　105, 138, 141-143

　　天皇崇拜（worship of）22, 55-56,
　　81, 113

另见 "裕仁天皇"

天照大神（Amaterasu Omikami）84

田中角荣（Tanaka Kakuei）170-173

通产省（Ministry on International Trade and Industry, MITI）148

统制派（Control Faction）98-100, 114

W

55年体制（1955 system）161-163

汪精卫（Wang Ching-wei）121

卫三畏（Samuel Wells Williams）12, 25

温斯顿·丘吉尔（Winston Churchill）36, 113, 125

文乐木偶戏（*Bunraku* puppet theater）135

五条御誓文（Charter Oath）29, 40

武士（samurai）21, 37, 31, 39, 54-55, 61, 122, 123, 135, 155

X

西方（West）:

　　对西方的激烈反应（backlash against）47

　　西方的观念（ideas of）24-25, 47-50, 53-54, 112-114, 121

　　控制日本（Japan controlled by）95

　　西方知识（knowledge of）14-20

　　医学（medicine of）15-16

　　与西方的全面战争（total war with）98, 111-128

西田几多郎（Nishida Kitaro）76-77

西乡隆盛（Saigo Takamori）39-40, 61

夏目漱石（Natsume Soseki）60, 61

宪兵队（*Kempeitai*）120

宪法（constitution）29-30, 35-39, 52, 78, 92, 142-144, 151-152, 159

小林多喜二（Kobayashi Takiji）97

小泉八云（Lafcadio Hearn）50-51

小泉纯一郎（Koizumi Junichiro）175, 176

小泽一郎（Ozawa Ichiro）174

新加坡（Singapore）105, 111

新人会（*Shinjinkai*）73-74

新儒家（Neo-Confucianism）17, 18, 57

血盟团（Blood Pledge Society）76

Y

鸦片战争（Opium Wars）21

雅各布·希夫（Jacob Schiff）59

亚洲人的自豪感（Asian pride）114, 121

一战（World War I）65

伊藤博文（Ito Hirobumi）36, 38, 39, 40, 41, 45, 47, 53, 54, 61, 71

伊藤整（Ito Sei）111

银座（Ginza）66-67

印度支那（Indochina）116, 118

尤利塞斯·S·格兰特（Ulysses S. Grant）42

裕仁天皇（Emperor Hirohito）83-84, 92

　　去世（death of）169

　　失去实权（ineffectiveness of）91, 107

　　未遂政变（and attempted coup）100

　　与暴力（and violence）89, 103, 106

　　与二战（and World War II）111,

114, 116, 117-118, 124-127, 138, 141, 145-147

与最高司令官（and SCAP）134, 140-142, 146

作为皇储（as crown prince）65, 71, 81-83

原敬（Hara Kei）70-72, 81

约翰·福斯特·杜勒斯（John Foster Dulles）157

约瑟夫·道奇（Joseph Dodge）149-150, 163

约瑟夫·格鲁（Joseph Grew）124, 138

约瑟夫·斯大林（Joseph Stalin）125

Z

占星学（astronomy）22

战争罪（war crimes）144-147, 152, 159-160

张学良（Chang Hsüeh-liang）89

张作霖（Chang Tso-lin）89

长崎（Nagasaki）12, 17, 126, 136, 146, 159

昭和年代（Showa period）84, 92, 97-99

珍珠港（Pearl Harbor）111-112, 115, 119, 145, 155

植木枝盛（Ueki Emori）37

殖民主义（colonialism）24-25, 51

《治安维持法》（Peace Preservation Law）75, 83

中曾根康弘（Nakasone Yasuhiro）173

中国（China）：

作为天下的中心（as center of world）16, 18, 19, 20

共产主义（communism in）20, 149, 160

集权（concentration of powers in）20-21

外国通商贸易（foreign trade with）11

"支那事变"（卢沟桥事变，1937 年）（"Incident"）87, 101-102, 116

满洲（and Manchuria）88, 94-96

五四运动（May 4th Movement）66, 70, 74

南京大屠杀（Nanking massacre）102-106, 144, 145, 146

鸦片战争（Opium Wars of）21

治国术（statecraft of）19, 22

与中国签订的条约（treaties with）51

与中国的战争（war with）49-51, 61, 105, 111, 112, 145

从中国撤军（withdrawal from）115, 116, 117, 118, 122

朱熹（Chu Hsi）17

自民党（自由民主党，Liberal Democracy Party，LDP）161-163, 165-166, 170-171, 173-176

自然法（natural law）42

最高司令官／驻日盟军总司令（SCAP, supreme commander）131-152：

保留天皇（emperor retained by）134, 140-142, 146

被撤职（dismissal of）151

得到最高司令官支持的官僚（bureaucrats supported by）148-150

继任（successes of）151-152

结束占领（end of occupation by）
158
培育民主（democracy fostered by）
133-136, 140, 144, 151
戕害经济（economy wrecked by）
149-150
审查制度（censorship by）136,
138, 140-141
文化改革目标（cultural reform as
goal of）132-138

修宪（constitution revised by）
142-144, 151-152
以消灭封建主义为目标（feudalism
as target of）135-136, 147-148
主审战争罪（war crimes tried by）
144-147, 152
佐藤荣作（Sato Eisaku）167